Torah Aura Productions

לְשׁוֹן-
הַקֹּדֶשׁ

L'Shon
ha-Kodesh
A Beginning Hebrew Book for Adults

Debi M. Rowe

ISBN 1-891662-40-6

TORAH AURA PRODUCTIONS• 4423 FRUITLAND AVENUE, LOS ANGELES, CA 90058
(800) BE-TORAH • (800) 238-6724 • (323) 585-7312 • FAX (323) 585–0327
E-MAIL <MISRAD@TORAHAURA.COM> • VISIT THE TORAH AURA WEBSITE AT WWW.TORAHAURA.COM
MANUFACTURED IN CHINA

Table of Contents

Introduction iv

Lesson 1 1

Lesson 2 8

Lesson 3 19

Lesson 4 28

Lesson 5 36

Lesson 6 45

Lesson 7 54

Lesson 8 63

Lesson 9 73

Lesson 10 81

INTRODUCTION

Welcome to the wonderful, exciting and challenging world of Hebrew! You are about to take your first steps in learning the *L'shon ha-Kodesh*—the Holy Tongue of the Jewish people. May your journey be rich and rewarding!

This textbook has been designed to ease your way into Hebrew by rooting your work in words you may already know from the context of Jewish life.

Similarities and Differences Between Hebrew and English

Similarities

- Both languages create syllables from a single consonant plus a single vowel (an "open syllable") or from a consonant-vowel-consonant "closed syllable."
- Both languages can be written by hand in either "print" or "cursive" forms.
- Both languages have a virtually unlimited number of fonts for typesetting and computer work.

Differences

- Hebrew is read right-to-left, the opposite of English.
- Hebrew has 22 consonant letters; vowels appear as lines and dots below, above or next to the consonants. The English alphabet has 26 letters, including both consonants and vowels.
- Hebrew has no capital consonants. However, five consonants change their shape when they appear at the end of the word.

Elements Found in Each Lesson

1 Overview of New Consonants and Vowels: Each lesson begins with an overview of the consonants and vowels introduced throughout that lesson. Each consonant is printed in a large size; its name appears next to it in Hebrew and English. Each vowel is presented in a small shaded box. Vowels appear below, above and next to consonants. A small black square acts as a place holder for a Hebrew consonant in these vowel presentations.

2 "Progress Report": At the bottom of the first page of each lesson is a row of all the Hebrew consonants in alphabetical order and a row of all the Hebrew vowels. Those

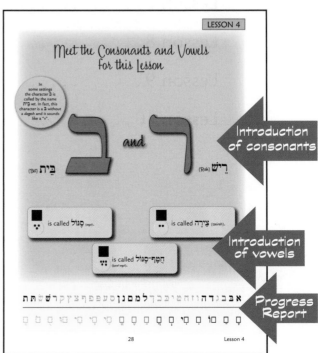

iv

presented in the current lesson are colored red, those already learned are colored black, and those yet-to-be-learned are colored a pale blue. You can track your progress through the Hebrew Alef-Bet by following these lines of consonants and vowels at the beginning of each lesson.

3 **Teaching a New Consonant:** We begin a new page to present each new consonant. In a vertical box at the side of the page you will find icons or pictures of Hebrew words from Jewish life that begin with the new consonant. This initial sound is highlighted in red. In addition, below the pictures, you will find other possibly familiar words that also begin with the new consonant. Some of these may be words from the סִדּוּר prayerbook, some may be concepts that can't be captured in pictures. They are translated for you. Your teacher will help you read these words.

4 **Practice:** After the presentation of each new element, whether consonant or vowel, there are lines of Hebrew for you to practice. An arrow points you in the proper direction to read Hebrew right to left. In some cases, these lines contain syllables that drill the new elements; sometimes they contain real words. (By the end of the first lesson, you will be saying 2 real Hebrew words!) At the end of Lesson 2, there is a small section of words from the *siddur* that you can now say aloud. These sections will grow longer in each lesson. In addition, there are sections to practice at home. Work at home with the help of the website is essential for the growth and development of your ability to sound out each new Hebrew element.

5 **Exercises:** Many lessons contain some kind of visual discrimination exercise. Sometimes you will circle similar sounding elements. Sometimes

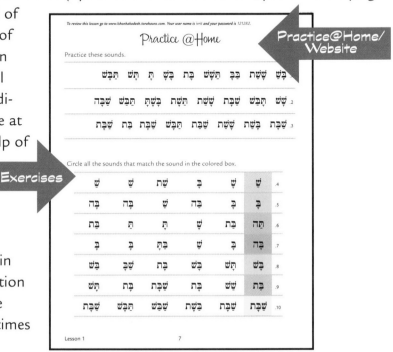

you will note elements that manifest a particular sound. Sometimes you will match elements that sound the same.

6 **Writing Practice:** In each lesson you will have the opportunity to write consonants, vowels and words. Your practice is guided in numbered steps to create printed or cursive forms of the Hebrew elements. Your teacher will help direct your choice.

7 **Roots:** In every lesson you will learn one or two "roots." Hebrew words are usually built from a three-consonant foundation called a *shoresh* or "root." We present each *shoresh* and list several words with which you may be familiar that grow from that *shoresh*. Your teacher may need to help you with some of these words. You won't be able to recognize all the elements of these words in the beginning lessons of the book. A brief essay explains deeper meanings and levels of understanding of each root and its related words. By the end of the book, you will have learned 19 *shorashim* (roots) that form the basis of many important ideas of Jewish living.

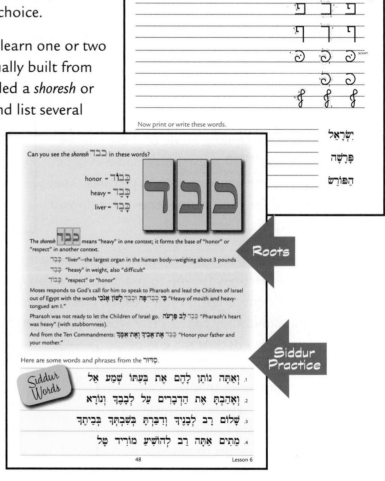

The Website

This entire textbook is replicated on an interactive website, which you can find at **www.lshonhakodesh.torahaura.com**. You will need a **user name** and **password code (found on the Practice@Home pages)** to access the site. Click with your curser to hear a word or a line of Hebrew or to hear any other element on the page. On a page where you find a "pencil exercise," an "Answer" button appears on the website. Clicking it will reveal the exercise with the answers appropriately marked. *We recommend regular practice using the website between class sessions!*

Meet the Consonants and Vowels for this Lesson

בּ (Bet) בֵּית

שׁ (Shin) שִׁין

תּ and ת (Tav) תָּו

THIS REPRESENTS ANY HEBREW CONSONANT

ָ is called קָמַץ (kamatz).

שָׁ sounds like SHA

THIS REPRESENTS ANY HEBREW CONSONANT

ַ is called פַּתָּח (patah).

שַׁ sounds like SHA

א בּ ב ג ד ה ו ז ח ט י כּ כ ך ל מ ם נ ן ס ע פּ פ ף צ ץ ק ר שׁ שׂ תּ ת

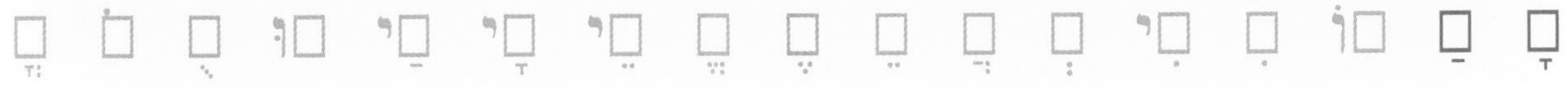

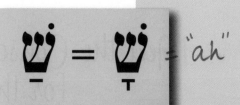

שׁ

שַׁ = שָׁ = "ah"

Shin

Hebrew reads from right to left.
The arrow will point the way.

1\. שָׁ שַׁ שָׁ שַׁ שָׁ שַׁ שָׁ שָׁ שַׁ שָׁ

2\. שָׁ שַׁ שַׁ שָׁ שָׁ שַׁ שָׁ שַׁ שַׁ שָׁ

3\. שַׁ שָׁ שָׁ שַׁ שַׁ שָׁ שַׁ שַׁ שַׁ שָׁ

4\. שָׁ שַׁ שַׁ שָׁ שַׁ שַׁ שָׁ שַׁשׁ שָׁשָׁ

Circle the sounds in each line that say "sha."

5\. שָׁ שַׁ שֶׁ שַׁ

6\. שַׁ שְׁ שַׁ שָׁ

7\. שִׁ שָׁ שַׁ שַׁ

8\. שַׁ שַׁ שָׁ שֻׁ

שׁוֹפָר

שָׁלוֹם

שַׁבָּת

HERE ARE SOME OTHER WORDS THAT START WITH שׁ.

year .... שָׁנָה

listen! .... שְׁמַע

name .... שֵׁם

Divine Presence ... שְׁכִינָה

בָּ = בָּה

בּ

= Bet (belly button + bottom)

Now read and read again.

1. בָּ בַּ בָּה בָּ בָּ בַּה בָּה בַּ בָּה בַּה
2. בָּ שָׁה בָּה שָׁ בָּשׁ בָּה שָׁבָּה בָּ שָׁה
3. בַּשׁ שַׁבָּ בַּבָּ בַּשׁ שַׁבָּה בַּבָּה שַׁבָּה
4. שָׁ שַׁ שָׁשָׁה בָּ בָּ בַּבָּה שַׁבָּ בָּשַׁה שַׁבָּ
5. בָּשָׁ שָׁ שַׁבּ בַּבָּ בָּ בַּשׁ שָׁשׁ
6. בַּשׁ שָׁשָׁ שַׁבָּ שַׁבָּשׁ בַּבָּשׁ בַּשׁ בַּבָּה
7. בָּשָׁה שָׁ שַׁבַּה בַּבָּה בָּ בַּשׁ שָׁשׁ

Can you guess what this word says? **שַׁבָּת**

בַּיִת

בֵּית כְּנֶסֶת

בִּימָה

HERE ARE SOME OTHER WORDS THAT START WITH בּ.

blessed................. בָּרוּךְ

blessing.............. בְּרָכָה

Children of Israel.... בְּנֵי יִשְׂרָאֵל

son/daughter of commandment.... בַּר/בַּת מִצְוָה

תּ

תּ = ת = Tav (has tail)

Practice these sounds with תּ.

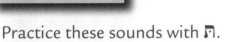

1. תָּ תַּ תַּ תַּ תָּ תַּ תָּ תָּשׁ
2. תָּ תַּ שָׁ תָּ בָּ בַּת תַּ
3. תָּ תַּ תָּ תַּ תָּ תָּת תָּ תַּ
4. שַׁת תַּשׁ תָּשׁ שָׁתַ בַּת שַׁבָּת

Now you can read...

שַׁבָּת

Circle the words that say Shabbat.

5. שַׁבָּת שַׁבָּה שַׁבַּת
6. שַׁבָּה תַּבָּשׁ שַׁבָּת
7. שַׁבַּב שַׁבָּת שָׁשַׁת
8. שַׁבָּה שַׁתָּב שַׁבָּת

Hebrew consonants sometimes have a dot in them. This dot is called a *dagesh*. In most cases the *dagesh* does not change the sound of the consonant.

תּוֹרָה

תַּפּוּחַ

תְּפִלִּין

HERE ARE SOME OTHER WORDS THAT START WITH תּ.

thanks .... תּוֹדָה

Talmud .... תַּלְמוּד

prayer .... תְּפִלָּה

repentance .... תְּשׁוּבָה

Can you see the *shoresh* שַׁבָּת in these words?

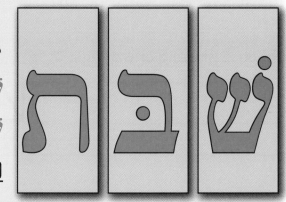

sabbatical = שַׁבָּתוֹן   Shabbat = שַׁבָּת

labor strike = שְׁבִיתָה   he rested = שָׁבַת

and he rested = וַיִּשְׁבֹּת

The *shoresh* שׁבת means "cease," "desist" or "rest." We first encounter this *shoresh* in the Torah at the end of the account of God's creation of the world. (Your teacher will help with the Hebrew; our *shoresh* has been highlighted for you in English and Hebrew.)

And God finished on the seventh day	וַיְכַל אֱלֹהִים בַּיּוֹם הַשְּׁבִיעִי
The work that was made;	מְלַאכְתּוֹ אֲשֶׁר עָשָׂה
God ceased/rested on the seventh day	וַיִּשְׁבֹּת בַּיּוֹם הַשְּׁבִיעִי
From all the work that was done.	מִכָּל־מְלַאכְתּוֹ אֲשֶׁר עָשָׂה.
God blessed the seventh day	וַיְבָרֶךְ אֱלֹהִים אֶת־יוֹם הַשְּׁבִיעִי
And made it holy	וַיְקַדֵּשׁ אֹתוֹ
For on it God ceased/rested from all the work	כִּי בוֹ שָׁבַת מִכָּל־מְלַאכְתּוֹ
Which God in creating had made. GENESIS 2.2–3	אֲשֶׁר בָּרָא אֱלֹהִים לַעֲשׂוֹת.

The Jewish notion of *Shabbat*/Sabbath and the various laws regarding its observance come directly from these verses. We learn (among other things) that we stop doing what we do every day and make one day distinctive and different to imitate God's actions during Creation. Traditional observance of שַׁבָּת directs our attention away from daily ordinariness toward the holy. Our Torah adds to that notion later in Exodus:

And on the seventh day God ceased/rested,	וּבַיּוֹם הַשְּׁבִיעִי שָׁבַת וַיִּנָּפַשׁ.
and was refreshed/re-souled. EXODUS 31.17	

We learn that there is a purpose to the stopping: we become refreshed—from the word *nefesh* (soul)—as did God. That which we cease to do and that with which we busy ourselves on Shabbat point to the re-creation of ourselves that only such restful cessation can bring. Our tradition teaches that it is as though we receive an extra soul on Shabbat. How we make the most of that gift is up to us.

Writing Practice

Practice printing or writing a שׁ.

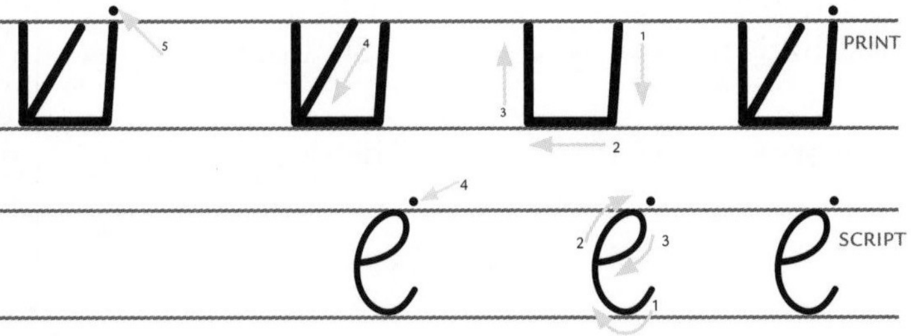

PRINT
SCRIPT

Practice printing or writing a בּ.

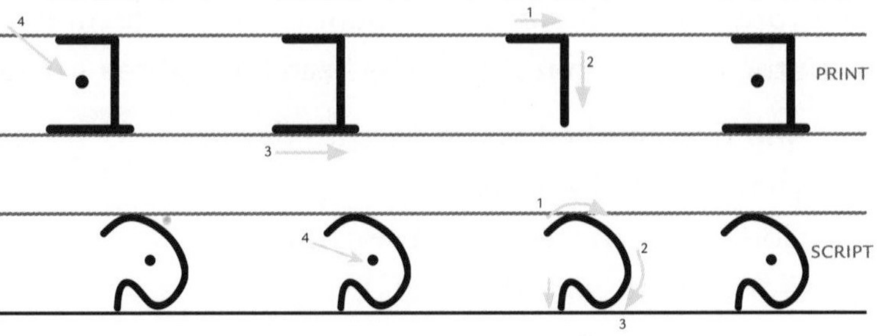

PRINT
SCRIPT

Practice printing or writing a תּ.

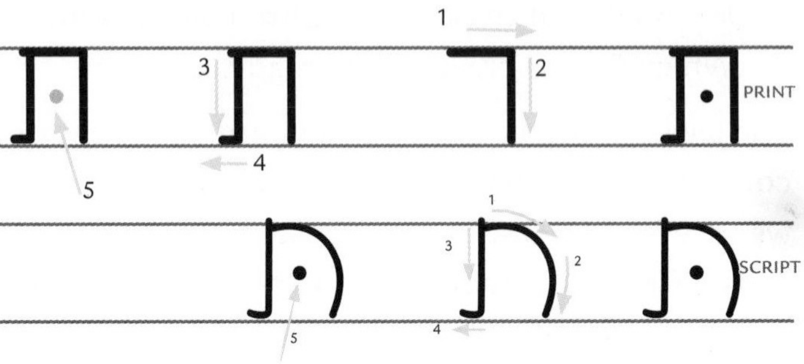

PRINT
SCRIPT

Now print or write your first two words.

שַׁבָּת

בַּת

Practice @Home

Practice these sounds.

1. בָּשַׁ שָׁשַׁת בָּבַּ תַּשָׁשׁ בָּת בָּשָׁ תָּ תָּשׁ תַּבָּשׁ

2. שָׁשׁ תָּבַּשׁ שַׁבָּת שָׁשַׁת תַּשָׁת בָּשָׁתָּ תַּבַּשׁ שַׁבָּה

3. שַׁבָּת בָּשַׁת שָׁשַׁת שַׁבַּת תַּבָּשׁ שַׁבָּת בַּת שַׁבָּת

Circle all the sounds that match the sound in the colored box.

4.	שַׁ	שָׁ	בָּ	שַׁת	שַׁ	שַׁ
5.	בָּ	בָּ	בַּה	שַׁ	בָּה	בָּה
6.	תַּה	בַּת	שָׁ	תָּ	תַּ	בַּת
7.	בָּה	בָּ	שַׁ	בַּתָּ	בָּ	בָּ
8.	בָּשׁ	תָּשׁ	בָּשׁ	בָּת	שַׁבָּ	בַּשׁ
9.	בַּת	שַׁשׁ	בָּת	שַׁבָּת	בָּת	תָּשׁ
10.	שַׁבָּת	שַׁבָּת	בַּשָׁת	שַׁבַּשׁ	תַּבָּשׁ	שַׁבָּת

Meet the Consonants and Vowels for this Lesson

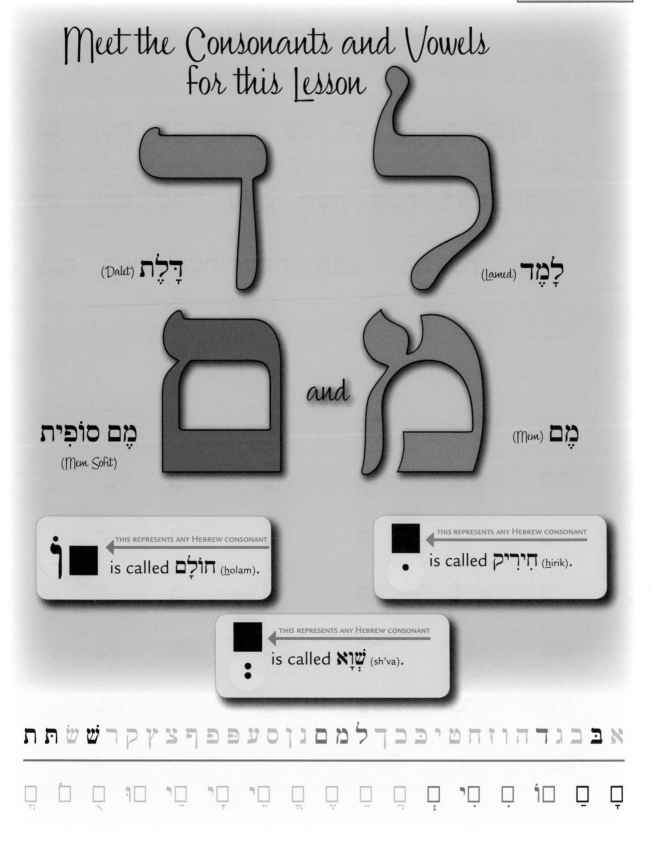

ד
(Dalet) דָּלֶת

ל
(Lamed) לָמֶד

ם and מ

מֵם סוֹפִית
(Mem Sofit)

(Mem) מֵם

THIS REPRESENTS ANY HEBREW CONSONANT
■ֹ is called חוֹלָם (holam).

THIS REPRESENTS ANY HEBREW CONSONANT
■ִ is called חִירִיק (hirik).

THIS REPRESENTS ANY HEBREW CONSONANT
■ְ is called שְׁוָא (sh'va).

א בּ ב ג ד ה ו ז ח ט י כּ כ ך ל מ ם נ ן ס ע פּ פ ף צ ץ ק ר שׁ שׂ תּ ת

ל

="lamed"

לָ = לָה

Practice these sounds and words with ל.

1. לָ לַ לָה לַת לָה לַשׁ לָה

2. לָה בַּל בַּת לָה תָּל שַׁל לָה

3. שָׁלָ לַשָׁ תָּבָּ בַּתָ לָלַ לָה

4. לַבָּת לַבָּשׁ בַּבָּל בָּשָׁל בַּבָּשׁ

5. לָלָה שָׁלָה שַׁבָּל שַׁבָּת שָׁתָל

6. בַּבָּל בַּבָּשׁ לַבָּת בָּשָׁל לַבָּשׁ

7. שַׁ בָּת שַׁבָּת לָה בָּ שָׁל בָּשָׁל

8. שָׁ תַל שָׁתַל לַ בַּת לַבַּת

לוּלָב

לֵב

לֶחֶם

HERE ARE SOME OTHER WORDS THAT START WITH ל.

language .... לָשׁוֹן

night...................... לַיְלָה

to life!................ לְחַיִּים

latkes .... לְבִיבוֹת

לוֹ = לוֹא

Practice these sounds and words.

1. לוֹ לוֹא בּוֹ בּוֹא שׁוֹ תּוֹא לוֹ
2. בּוֹ לוֹא שׁוֹ לוֹ תּוֹא בּוֹא תּוֹ
3. תּוֹ שׁוֹא בּוֹ לוֹ בּוֹא לוֹא לוֹ
4. שׁוֹא תּוֹא לוֹ בּוֹ תּוֹלָה בּוֹשָׁה

לָ = לָה = לָא

Now read this!

5. לָ לָא לָה בּוֹא תָּא שׁוֹ
6. בָּא בַּת שָׁא שׁוֹא תּוֹא לָא
7. תַּ תּוֹ תָּל תּוֹל בּוֹ בָּא
8. לַבּוֹא שַׁבָּשׁ תַּבָּל בּוֹא לוֹא

final mem

ם = מ

מ = mem (mountain)

מַצָּה

מְזוּזָה

מְגִלָּה

Practice these sounds and words with מ and ם.

1. מַה מָה מוֹ מַ מָ מוֹא מָא מוֹ

2. לוֹם בּוֹם שׁוֹם תָּם שָׁם בּוֹם שָׁם

3. שָׁל מָשַׁל שַׁמָּשׁ בָּלַם תּוֹם בָּם

4. לָמָה מַמָּשׁ שַׁבָּת בָּלָה

5. תָּם שָׁמַם מוֹם מַה לוֹא

6. לָלָה שָׁלָה שַׁבָּל שָׁתָל

7. לָמָה מָשַׁל שַׁבָּת שָׁלוֹם

Now you can read...

שָׁלוֹם

HERE ARE SOME OTHER WORDS THAT START WITH מ.

ruler........................ מֶלֶךְ

commandment...... מִצְוָה

family .... מִשְׁפָּחָה

Can you see the *shoresh* שלם in these words?

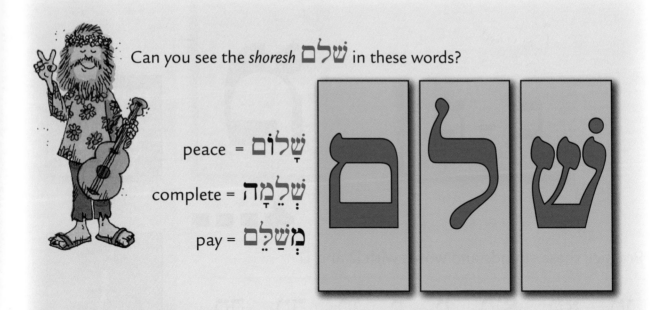

peace = שָׁלוֹם

complete = שְׁלֵמָה

pay = מְשַׁלֵּם

The *shoresh* שלם means "whole," "complete" or "integral" and imparts a profound sense of connectiveness to the words derived from it.

When we consider the word שָׁלוֹם and translate it as "peace," we often miss the appreciation that it goes far beyond the mere absence of war. True שָׁלוֹם denotes a wholeness or completeness that negates the possibility of war, but is not necessarily its opposite.

A simple greeting, "מַה שְּׁלוֹמְךָ?" asks more than "How are you?"—at least more than we usually mean when we ask in English! The question really speaks to the completeness and integrity of one's being. Granted, when in Israel, the greeting may get no more than cursory attention from the greeter or the respondent, but the implications are certainly there.

The traditional way to wish someone well if he or she is ill is to wish, "רְפוּאָה שְׁלֵמָה" "complete healing."

The capital city of Israel, יְרוּשָׁלַיִם Jerusalem, derives from this *shoresh*, understood as "City of Peace." What an irony: in times of tension and division, the city is far from complete or whole. Yet, such integrity is the ideal.

Now we can learn the tiniest vowel. Here it is:
It goes under its consonant like this:

שִׁ מִ בִּ תִּ לִ

■ is called a חִירִיק.

שִׁ = שִׁי

מִ = מִי

בִּ = בִּי

תִּ = תִּי

לִ = לִי

Sometimes it is followed
by the tiniest consonant, like this:

שִׁי מִי בִּי תִּי לִי

שִׁי sounds like SHE.

Make these "ee" sounds.

1. מִי בִּי בִּיתִי מִימִי תָּמִי מִשָּׁם מִיתָה

2. בִּים בַּם שִׁשִּׁי שִׁשִּׁים שָׁלוֹשׁ בִּימָה בָּלַשׁ

3. מִיתוֹת בִּילָה לִבִּי מִילָה בִּימַת בַּת לָמָה

4. בָּמָה בָּמוֹת בִּיתִי שָׁמָה בִּימוֹת בָּלַשׁ תָּם

5. שָׁל לָשׁוֹת לִימוֹת מִילוֹת שַׁמָּשׁ שַׁבַּת שָׁלוֹם

ד = Dalet (dent)

דוֹ = דּוֹ

Practice these lines with ד sounds on them.

1. דָ דָה דְ דוֹ דִי דַ דוֹא

2. דּוֹם דָּם דַּל דָּמָה דָּת דַּה

3. שִׁידָה מִדָּה מִדּוֹת דּוֹמָה

4. דָּם בָּדָה דָּתִי תּוֹדָה תּוֹדוֹת

5. דַּשׁ לָמַד מַדִּים תָּמִיד לוֹד

6. דּוֹד דּוֹדָה דּוֹדִים דּוֹדוֹת

7. דּוֹדִי לִי דָּשָׁה שָׁדַד מָדָד

8. מוֹדָה מוֹדִים דּוֹלָה דָּתוֹת

דֶּגֶל

דְּבַשׁ

דֶּלֶת

HERE ARE SOME OTHER WORDS THAT START WITH ד.

sermon .... דְּרַשׁ

path.......................... דֶּרֶךְ

generation................. דּוֹר

judge .... דַּיָּן

Here is the quietest sound in the whole world.

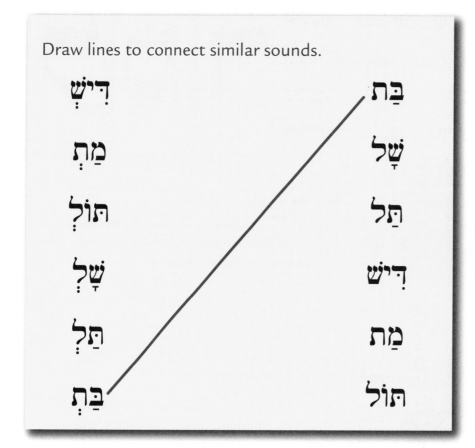

- almost silent

Draw lines to connect similar sounds.

דִישְׁ	בַּת
מַתְ	שָׁל
תּוֹלְ	תַּל
שָׁלְ	דִישׁ
תַּלְ	מַת
בַּתְ	תּוֹל

ד = דְ

שׁ = שְׁ

מ = מְ

בּ = בְּ

ל = לְ

Three basic rules will help you pronounce words with a ְ *sh'va*.

- If the ְ appears under the first consonant of a word, it sounds like the "a" in the word "about" or the first "e" in the word "believe."
- If the ְ appears under the last consonant of a word, or in the middle of a word, it is silent.
- If two ְ symbols appear together in a word, the first is silent and the second sounds like it's under the first consonant.

Practice these words.

1. בְּדִידִי דִּבָּה מִלָּה מְלִיא שָׁלַם
2. לְדוֹדִי שְׁמוֹ בִּדָּה לְמַדְתָּ בְּדוֹד
3. שׁוֹלָל תּוֹדָה בְּדִילָה בַּדָּד לוֹמְדִים
4. תַּלְמִיד תַּלְמִידָה תַּלְמִידִים תַּלְמִידוֹת

While not technically a vowel, we will treat the ְ as a vowel in this book.

Can you see the *shoresh* לָמַד in these words?

male student = תַּלְמִיד to learn = לִלְמֹד

female student = תַּלְמִידָה you taught = לִמַּדְתָּ

students = תַּלְמִידִים to teach = לְלַמֵּד

learning Torah = תַּלְמוּד תּוֹרָה Talmud = תַּלְמוּד

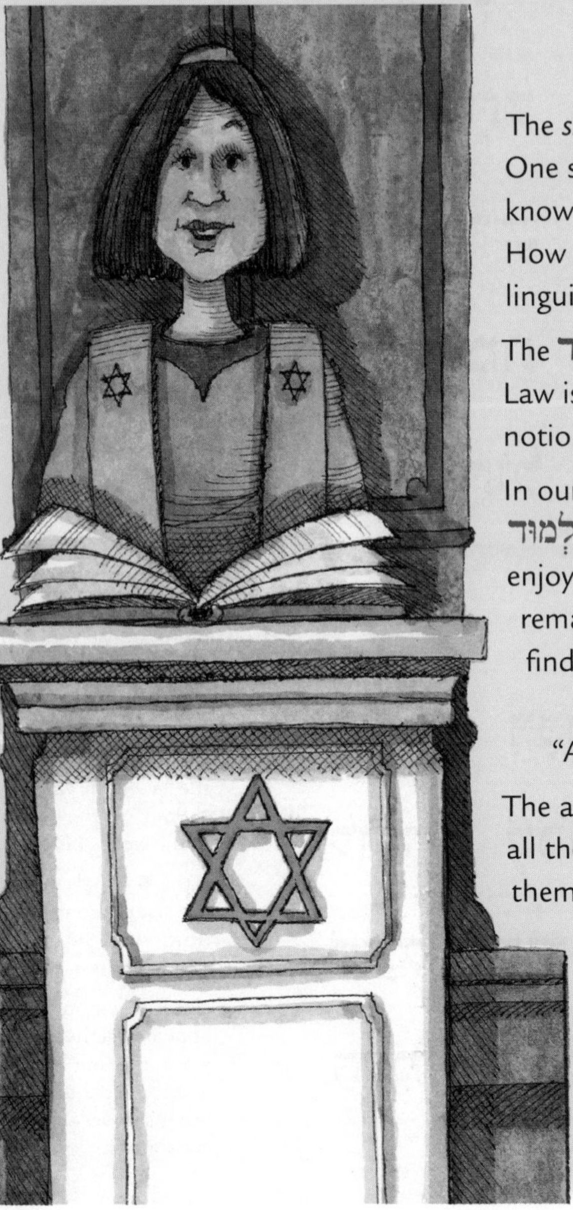

The *shoresh* לָמַד means "learn," or "study." One structure of the verb means "teach." We all know that in order to teach, one must first learn. How appropriate that Hebrew points the way for us linguistically!

The תַּלְמוּד, the authoritative compendium of Oral Law is derived from this *shoresh* and encompasses both notions of study and teach.

In our morning liturgy, we find a section from the תַּלְמוּד that lists commandments for which "one enjoys the fruit in this world while the principal remains for all eternity." At the end of that list, we find:

וְתַלְמוּד תּוֹרָה כְּנֶגֶד כֻּלָּם

"AND THE STUDY OF TORAH IS EQUAL TO THEM ALL."

The assumption is that the study of Torah is equal to all the other commandments because study leads to them all.

Our tradition places profound significance on study and learning. In contemporary times, that emphasis has expanded beyond תַּלְמוּד תּוֹרָה to include all areas of academic endeavor.

16　　　　　　　　　　　　　Lesson 2

Writing Practice

Practice printing or writing a ל.

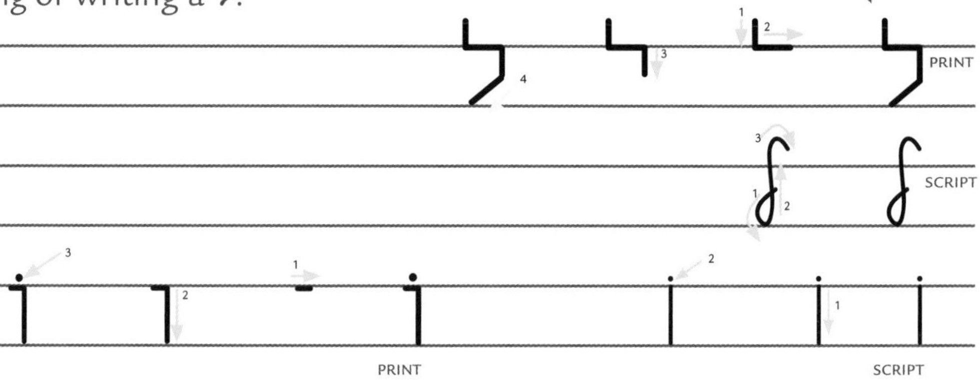

PRINT
SCRIPT
PRINT
SCRIPT

Practice printing or writing a מ and a ם.

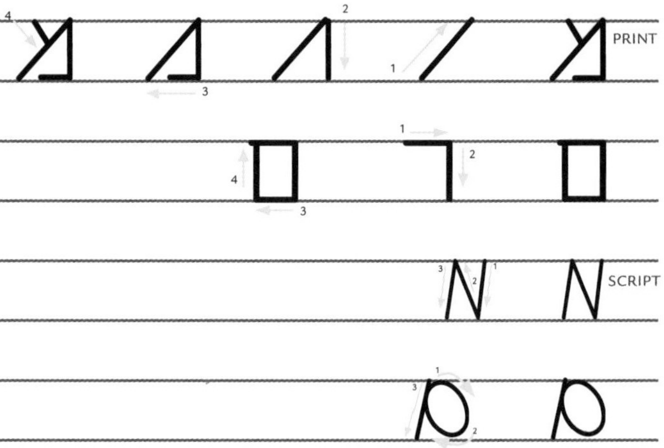

PRINT
SCRIPT

Practice printing or writing a ד.

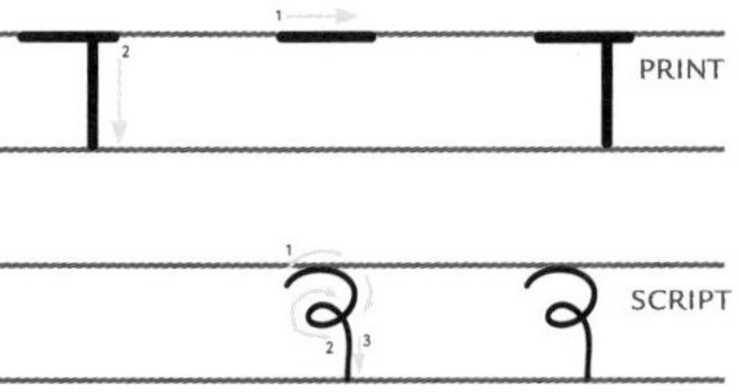

PRINT
SCRIPT

Now print or write these words.

שָׁלוֹם

לָמַד

Practice @Home

Practice these words.

1. דָם בִּים דוֹד שָׁם מִי לוֹא

2. לוֹד שְׁמִי לָמַד תּוֹדָה לָמָה

3. מוֹדָה דוֹדָה תָּמִיד שָׁלוֹם דוֹמָה מוֹדִים

4. מִילָה בִּימָה דוֹמִים שְׁלוֹמִית שִׁשִּׁים לִבִּי

5. מוֹדִים תַּלְמִיד תַּלְמִידָה תַּלְמִידִים תַּלְמִידוֹת

6. לוֹמְדִים לוֹמְדוֹת מְלַמְּדִים לִמַּדְתִּי לִמַּדְתָּ

Siddur Words

Practice these words from the סִדּוּר.

7. מוֹדִים לִמַּדְתָּ שַׁבָּת דוֹדִי לִי

8. בְּלִי תָּמִיד תְּמִידִים תְּמִימִם בְּשַׁבַּתּוֹ שְׁמוֹ

Meet the Consonants and Vowels for this Lesson

הֵא (Hey)

אָלֶף (Alef)

and

נוּן סוֹפִית (Nun Sofit)

נוּן (Nun)

חֲטָף פַּתָּח (hataf patah) is called "ah" — ignore silence

א ב ב ג ד ה ו ז ח ט י כ כ ד ל מ ם נ ן ס ע פ פ ף צ ץ ק ר שׁ שׂ ת ת

aleph silent

א

אִ = אִי

Practice these words that have an **א** in them. Here's a secret—Just say the vowel!

1. אָ אוֹ אִי אָה אִ אָ אֶ אִישׁ

2. אָדָם אַבָּא אִמָּא אִם אַתְּ אַתָּה

3. שׁוֹאָה אִמּוֹ שְׁלוֹמִית אִשָּׁה בָּאָה

4. אוֹת בָּאוֹת בְּאוֹתוֹת לוֹמְדִים מִילָה

אֲ = אַ

This vowel ◼ֲ is called a חֲטַף פַּתָּח.
We say it just like the ◼ַ, the פַּתָּח.

5. אַת בָּא אוֹ אִם אִמּוֹ אִמּוֹת

6. דוֹאָה אָשְׁמָה בּוֹאָה בּוֹאִי בּוֹאוּ בָּאִים

7. שָׁלוֹם דָּם אָדָם אֲדָמָה מַאְדִים

ah

8. אַשְׁדּוֹדִית אִמִּי-אֲדָמָה בְּאַשְׁמָתִי

אֶתְרוֹג

אֲרוֹן-הַקֹּדֶשׁ

אֶחָד

HERE ARE SOME OTHER WORDS THAT START WITH **א**.

God .... אֱלֹהִים
true .... אֱמֶת
you .... אַתָּה
I............................ אֲנִי

נ

ן = נ

final nun — nun – "nice + neat"

נֵר תָּמִיד

Practice these lines with our new consonant נ.

1. נָ נִ נוֹ נַ נִי נֵ נָא נָם

2. אָנָה שָׁנָה שָׁנִים נִים דָן שִׁין

3. מָנָה לָן נִין דִין מִין שִׁין לִין

4. אָמִין נָדִין נָד בִּינָה שָׁנִים נָתַן

5. מָנוֹת נָשִׁים אֲנָשִׁים לָשׁוֹן אֲדוֹן

נֵר

נֵרוֹת

Now practice these words from the סִדּוּר.

Siddur Words

6. מוֹדִים מִי שָׁנָה שָׁנִים

7. נָתַן בִּינָה לָשׁוֹן אֲדוֹן

8. שַׁבַּת שָׁלוֹם אֲדוֹן נָא אֲנִי

HERE ARE SOME OTHER WORDS THAT START WITH נ.

prophet.................. נָבִיא

miracle........................ נֵס

breath.................. נְשָׁמָה

soul .... נֶפֶשׁ

Can you see the three consonants אמן in these words?

So be it! = אָמֵן

faith = אֱמוּנָה

faithful = נֶאֱמָן

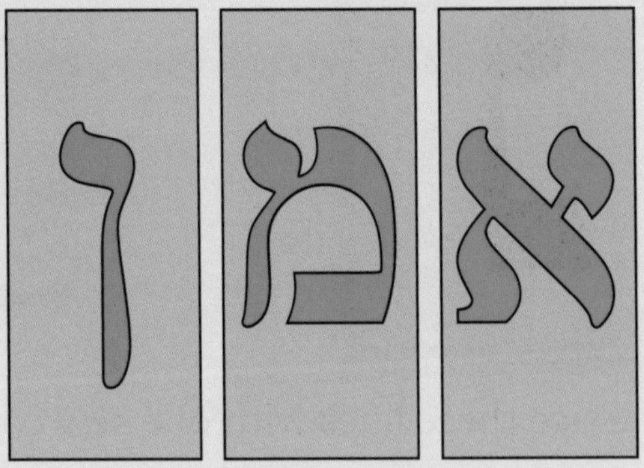

The *shoresh* אמן has several different meanings. In Jewish worship we encounter it most often in the word אָמֵן (meaning "so be it") recited as a response to a בְּרָכָה blessing. When God's four-letter name was spoken by the כֹּהֲנִים priests in the Temple, the response was:

Blessed is Adonai, the God of Israel,	בָּרוּךְ יי אֱלֹהֵי יִשְׂרָאֵל
from everlasting to everlasting.	מֵהָעוֹלָם וְעַד הָעוֹלָם
Amen and Amen. PSALMS 41.14	אָמֵן וְאָמֵן.

Following the destruction of the Temple, the response was shortened to אָמֵן. This response may have developed from the people's inability to repeat the prayers correctly. Since early prayer was oral (there were no written סִדּוּרִים prayerbooks), worshippers mostly repeated the words of the leader. Those who did not know the accepted texts could merely listen. The leader marked each prayer's conclusion with a pause. Worshippers could then insert their response, אָמֵן, in its proper place. By concentrating on the words of the leader, the response אָמֵן fostered participation and manifested the worshipper's agreement with the words of the text. Saying אָמֵן gave them credit for saying the whole prayer.

Other words derived from the *shoresh* אמן include:

אָמַן	nurse
אִמֵּן	train or educate
אָמְנָה	education
אָמָּן	artist/craftsperson
אֲמָנָה	pact or treaty

אמן can also be an acronym for the words אֵל מֶלֶךְ נֶאֱמָן "God is a faithful Ruler."

At the end of the word, ה is silent.

מַה שָׁה

But otherwise הַ sounds like HA

ה

Practice these sounds and words.

1. הָ הוֹ הִי הֱ הִ הַ הְ הִי
2. הָמַם הוֹן הַבָּא הַהוֹן הַהִיא הָמוֹן
3. הַלָּן הִיא דָּהָה הָמָן הַשִּׁין הִמָּה
4. אָהַד בָּהַל הוֹדו מָהַל הִשִּׁיא
5. נָהַם הִתְאִים הָמַם הַשְּׁאָלָה הָאִם
6. הַאֲשָׁמָה הַאֲמָדָה הַאֲלָלָה הַאֲמָנָה
7. הוֹדות הוֹלָל הוֹלִיד הֱלוֹם הֱמוֹנִי
8. תְּהִלָּה אִמָּהוֹת הֱמִימָה הִנְנִי הִנָּן

הָמָן

הַבְדָּלָה

הַגָּדָה

HERE ARE SOME OTHER WORDS THAT START WITH ה.

- Jewish law .... הֲלָכָה
- parents .... הוֹרִים
- mountain.................... הַר
- hallelujah!......... הַלְלוּיָהּ

Practice these words. How many do you recognize?

1. דָם בִּים דוֹד שָׁם מִי לוֹא אָדָם אַתָּה

2. הוֹן מָהַל הַלָּן נָהַם הָמָן אַבָּא הָאֲדָמָה

3. בְּלִי שָׁם בִּינָה לוֹד שְׁמִי לָמַד תּוֹדָה לָמָה

4. הוֹד אַלּוֹן הָמַם הוֹדוֹ הָהוֹן מוֹדָה דוֹדָה

5. אַבָּא אִמָּא הַהִיא הִלָּה הוֹהָם הוֹדָה הוֹלָל

6. לוֹמְדִים לוֹמְדוֹת מְלַמְּדִים הָאֲשָׁמָה הֲדָא

7. מוֹדִים תַּלְמִיד תַּלְמִידָה תַּלְמִידִים תַּלְמִידוֹת

8. הָדַד הַדְּבָשָׁה שִׁשִּׁים דְּמָמָה בִּימָה הוֹדָאָה

9. שְׁמִינִי הָאֲנָשָׁה לְהוֹדוֹת הוֹאִיל שִׁמְשׁוֹן הוֹאָלָה

10. הַדְלָלָה בַּלְנִית הוֹלָדָה הוֹלְמָנִי הוֹנָאָה הָאֲמָנָה

11. הַשְׁבָּלָה תְּאוֹמִים הָאֲלָמָה הִנְנִי בְּאִשָּׁה הָאֲמָתָה

Can you see the *shoresh* אדם in these words?

red = אָדֹם

earth = אֲדָמָה

made red = נֶאֱדָם

The *shoresh* אדם means “red,” most probably deriving from the word דָּם which means “blood.”

אָדֹם is the color of the “stew” Jacob was cooking when his brother Esau returned from hunting hungry and tired. Because Esau wanted to eat of that “red, red stuff,” his name was changed to אֱדוֹם.

The Israeli equivalent of the American Red Cross is called מָגֵן־דָוִד אָדֹם—“The Red Star of David.”

The same three Hebrew consonants form the word אָדָם meaning “human being.” In Genesis we learn that אָדָם was formed from the dust of the אֲדָמָה—the “soil” or “dust of the earth,” possibly also derived from the word אָדֹם.

Practice some words built from *shorashim* you’ve studied or will study soon.

1. דָּם אָדָם אֲדָמָה שָׁלוֹם שַׁבָּת שַׁבָּתוֹן

2. לָמַדְתָּ לָמַדְתִּי תַּלְמִיד תַּלְמִידָה תַּלְמִידִים

3. תַּלְמִידוֹת תּוֹרָה מוֹרָה תּוֹדָה מוֹדִים לְהוֹדוֹת

Writing Practice

Practice printing or writing an א.

PRINT

SCRIPT

Practice printing or writing a נ and a ן.

PRINT

SCRIPT

Practice printing or writing a ה.

PRINT

SCRIPT

Now print or write these words.

אֲדָמָה

מַה נִּשְׁתַּנָּה

לְהוֹדוֹת

Practice @Home

Practice these words.

1. דָם בִּים דּוֹד שָׁם מִי לוֹא הִנְנִי לְהוֹדוֹת

2. לוֹד שְׁמִי לָמַד תּוֹדָה לָמָה דְּמָמָה אִישׁ אִשָּׁה

3. מוֹדָה דוֹדָה תָּמִיד שָׁלוֹם דּוֹמָה מוֹדִים הוֹדָאָה

4. מִלָּה בִּימָה דּוֹמִים שְׁלוֹמִית שִׁשִּׁים לִבִּי הוֹדוּ

5. מוֹדִים תַּלְמִיד תַּלְמִידָה תַּלְמִידִים תַּלְמִידוֹת

6. שְׁמִינִי הַאֲנָשָׁה לְהוֹדוֹת הוֹאִיל שִׁמְשׁוֹן הוֹאָלָה

7. לוֹמְדִים לוֹמְדוֹת מְלַמְּדִים לִמַּדְתָּ לִמַּדְתִּי נִלְמַד

Siddur Words

Practice these words from the סִדּוּר.

8. מוֹדִים מִי שָׁנָה שָׁנִים הֲמוֹנָם בִּינָה

9. אֲנִי לַאֲדוֹן שִׁנַּנְתָּם אִמָּהוֹת הַהוֹדָאוֹת נִשְׁמַת

Meet the Consonants and Vowels for this Lesson

In some settings the character ב is called by the name בֵית *vet*. In fact, this character is a בּ without a *dagesh* and it sounds like a "v".

ב and ר

(Bet) בֵּית

(Resh) רֵישׁ

◌ֶ is called סֶגוֹל (segol).
e (short e)

◌ֵ is called צֵירֶה (tzeireh).
Long "ā"

◌ֱ is called חֲטַף-סֶגוֹל (hataf segol).
Same

א בּ ב ג ד ה ו ז ח ט י כּ כ ך ל מ ם נ ן ס ע פּ פ ף צ ץ ק ר שׁ שׂ תּ ת

◌ָ ◌ַ ◌וֹ ◌ֹ ◌ִי ◌ִ ◌ְ ◌ֱ ◌ֵ ◌ֶ ◌ֵי ◌ֶי ◌ָי ◌ַי ◌וּ ◌ֻ ◌ ◌ֲ ◌ֳ

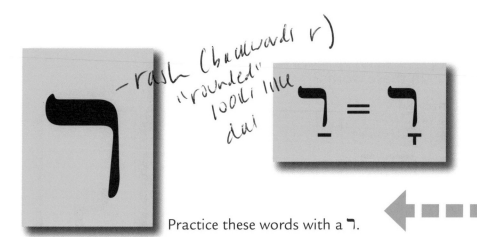

ר

-rash (backwards r) "rounded" looks like dai

רָ = רַ

Practice these words with a ר.

1. רָ רָה רוֹ רִי רְ רִ רַ
2. רָם רָן רָד מָרִיר בַּר רָמָה
3. אוֹרָה הוֹרָה נוֹרָא מוֹרָה תּוֹרָה
4. אֲרִי רָשִׁי לִירִי שִׁיר רוֹנִי בָּרָד
5. שִׁירוֹן מָרוֹם רוֹמָן רִינָה רְאִי
6. בָּרָא אָרוֹן לְהִתְרָאוֹת מְנוֹרָה מָרוֹר

Siddur Words

Here are some words from the סִדּוּר.

7. שָׁלוֹם נוֹרָא אָדוֹן אוֹר
8. מַה אַתָּה לְאוֹת אִם
9. אֲנִי לְדוֹדִי לִי הֲמוֹנָם מַתִּיר
10. תּוֹרָה אוֹרָה הוֹדָה הָאֲדָמָה מַלְבִּישׁ

רַעֲשָׁן

רַב

רִמּוֹנִים

HERE ARE SOME OTHER WORDS THAT START WITH ר.

New Year.. רֹאשׁ הַשָּׁנָה

mercy............... רַחֲמִים

heal..................... רוֹפֵא

pomegranates ... רִמּוֹנִים
Torah crowns

Can you see the *shoresh* ירה in these words?
Sometimes the י changes into a וֹ.

taught = הוֹרָה

Torah = תּוֹרָה

teacher = מוֹרָה

parents = הוֹרִים

י ר ה

The *shoresh* ירה means "pour," "teach" or "instruct". One can easily find connections among the Hebrew words above and the notions of teaching.

תּוֹרָה God's ultimate teaching. We are told in our tradition
מַרְבֶּה תוֹרָה מַרְבֶּה חַיִּים "The more Torah, the more life." AVOT 2:7

מוֹרָה "Teacher." A teacher is, perhaps, best equipped to "pour" instruction into the heads of his or her students.

הוֹרִים "Parents." A person's earliest teachers are one's parents.

Practice these words.

1. רוֹאֶה רָאָה אָמַרְתָּ אָמַר אָמַרְתִּי אוֹמְרִים

2. מוֹרָה תּוֹרָה אוֹרָה הוֹרָה בָּרָא אָרוֹן

3. מְנוֹרָה בַּמָּרוֹם לְאוֹרוֹ מְאוֹרוֹת דִּבַּרְתָּ לִרְאוֹת

...these sounds and words.

סֶגּוֹל — "eh"

צֵירֶה — "ay"

1. שֶׁ שֵׁ בְּ בֵּ דְ דֵ אָ אֵ נֵ נֶ

2. בֵּן שֶׁל שֵׁן אֶל רֵד תֵּל שֵׁשׁ

3. אֵשֶׁל מֵרִי לְבֵן רֶשֶׁת תֵּן אֵל אֶדֶר

4. רוֹמֵם שֶׁמֶשׁ נוֹשֵׂר נֶשֶׁר מֶרֶד נֵר

5. דֶלֶת מוֹדֶה רַבָּה דֶּלֶת דַּבֵּר הֵם

6. הַבָּא אֶת מֶה אֲשֶׁר שֵׁדִים נֵרוֹת

7. הֶאְדִּיר אַדֵּר אֶדֶר אֶדֶר נֶאְדָּר

8. אֶתֵּן דִּבֵּר הִנֵּה לָהֶם מֵאֵת אֲדֹנִי

9. שֵׁנָה מֵאָדָם תָּמִיד בּוֹרֵא שָׁמֵר

10. אוֹמֶרֶת הִדְהֵד אֶלְדָּד שׁוֹמֵר אָמֵן

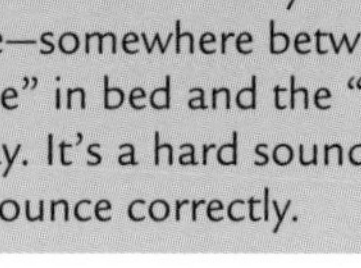

Some people pronounce these two vowels differently. In Israel, they are pronounced virtually the same—somewhere between the "e" in bed and the "ay" in day. It's a hard sound to pronounce correctly.

Now practice these sounds and words with a חֲטָף סֶגּוֹל.

11. שֶׁנֶּאֱמַר נֶאֱמַן אֱמֶת אֱנוֹשׁ אֱלִיל

To Dot or Not to Dot

The ● is very important.
It's called a *dagesh*.
When it's in בָּ, we say BA.
When it's not there, as in בָ, we say VA.

בּ ב -vet

This is one of those times when the *dagesh* changes the sound of the consonant.

Practice these sounds and words.

1. בָּ בַ בֵּ בִי בַ בֶ בּ בִים בָם בִּים בָּם לֵב
2. בָּהֶם אֲבִי אֶבֶן לִבִּי שְׁבִי בָּבֶל אֲבָר אִבְרָה מֵבִיא
3. לָשֶׁבֶת דְּבוֹרָה בֵּינִי בֵּין דְּבַשׁ נָבִיא אַבְרָנִי בִּדְבָרוֹ
4. שָׁלָב נָבִיא בְּאָב הַבְדָּלָה אָבוֹת הֵבִיא אַבְרוֹמַה
5. הֵבִין הֲבָרָה מוֹבִיל לָבַשׁ הֶבְדֵּל מִבְרֶשֶׁת הָאֱבִיר

Siddur Words

Here are some words from the סִדּוּר.

6. אַהֲבָה רַבָּה אוֹר תָּמִיד אֲנִי שִׁירָה
7. מוֹדֶה רַב אָהַבְתָּ הִיא שְׁמוֹ מֵבִיא
8. אֲשֶׁר בִּדְבָרוֹ אַהֲבַת בֵּית תּוֹרָה נִשְׁמָתִי נֶאְדָּר
9. נְשָׁמָה אָבוֹת אַתָּה לָבוֹא מוֹדָה רִבּוֹן בָּאֵלִים

Can you see the *shoresh* אהב in these words?

love = אַהֲבָה

You have loved us = אֲהַבְתָּנוּ

and you shall love = וְאָהַבְתָּ

א ה ב

The *shoresh* א ה ב means “love” or “affection.”

אַהֲבַת עוֹלָם “Eternal Love”—The prayer that follows the בָּרְכוּ in the evening service. It speaks of the loving relationship between God and the people of Israel, and the *mitzvot* from God that manifest that love.

אַהֲבָה רַבָּה “Much Love”—The prayer that follows the בָּרְכוּ in the morning service. It, too, speaks of the loving relationship between God and Israel with Torah as the *ketubah*, the marriage contract between them.

וְאָהַבְתָּ לְרֵעֲךָ כָּמוֹךָ “Love your neighbor as yourself.” LEVITICUS 19.8

A little grammar workout.

אֲנִי...
אוֹהֵב
שׁוֹמֵר
לוֹמֵד
מְדַבֵּר

אֲנִי...
אוֹהֶבֶת
שׁוֹמֶרֶת
לוֹמֶדֶת
מְדַבֶּרֶת

Writing Practice

Practice printing or writing a ר.

ר ר ר ר PRINT

ר ר ר SCRIPT

Practice printing or writing a ב.

ב ב ב ב PRINT

ב ב ב SCRIPT

Now print or write these words.

אוֹר

רַבָּה

נָבִיא

תּוֹרָה

אַהֲבָה

בִּדְבָרוֹ

בּוֹרֵא

Practice @Home

Practice these words.

1. רֶשֶׁת שֶׁמֶר נוֹשֵׁר נֶשֶׁר רוֹמֵם מוֹרֶה מוֹרָה
2. דַּבֵּר אָמַר אָמַרְתִּי אֵשׁ הָר מֵמִית אֶת
3. מַתִּיר שׁוֹמֵר נֵרוֹת אָמַרְתָּ אֲשֶׁר תּוֹרָה אָהֲבָה
4. אוֹמֵר אוֹמֶרֶת אוֹמְרִים אוֹמְרוֹת מְנוֹרָה אָרוֹן
5. רוֹאֶה רוֹאָה רְאֵה לִרְאוֹת רָאָה בִּדְבָרוֹ
6. בּוֹרֵא נוֹתֵן שֶׁמֶשׁ בָּרָא מָרוֹם רִינָה לָבֵשׁ
7. נָתַן נֶאֱמָן נֶאֱמָר דִּבַּרְתָּ בָּם שֶׁבֶת שִׁבְתִּי
8. הַרְבֵּה לְאוֹרוֹ מְאוֹרוֹת אַרְמָדִיל נְהָרוֹת

Siddur Words

Practice these words from the סִדּוּר.

9. שִׁירָה יוֹמָם בּוֹרֵא אֱמֶת בִּדְבָרוֹ
10. אֲנִי לְדוֹדִי דּוֹר לְדוֹר אַהֲבָה רַבָּה
11. בּוֹאִי בְשָׁלוֹם בְּנֵי אֵלִים שָׁלוֹם רָב נְתִיבוֹתֶיהָ שָׁלוֹם

Meet the Consonants for this Lesson

ט ו

(Tet) טֵית

(Vav) וָו

ע and

(Ayin) עַ֫יִן

אבּבגדהוזחטיכּכךלמםנןסעפּפףצץקרשׁשׂתּת

◌ָ ◌ַ ◌וֹ ◌ִ ◌ִי ◌ְ ◌ֲ ◌ֵ ◌ֶ ◌ֱ ◌ֵי ◌ָי ◌ַי ◌וּ ◌ֻ ◌ֹ ◌ֳ

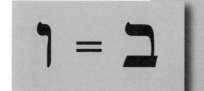

ו

ב = ו

Practice these new sounds and words.

1. וְ וִי וֶ וֹו וָ וֵ וֲ וָו וִים וָם

2. וֶרֶד וְתֵר וָרוֹד דַוָר תָּוִים נָוֶה נָאַם

3. וַאֲנִי וְאַתָּה וְאָהַבְתָּ וְתוֹרָה וְדִבַּרְתָּ

4. אֲנִי וְאַתָּה מְשַׁנֶּה אֶת וְנֶאֱמָן וְנוֹתְנִים

5. וְשִׁנַּנְתָּם הַדְּבָרִים הָאֵלֶּה הָאֵל וַאֲנִי

6. בֶּאֱמֶת מָוֶת לְהוֹדוֹת לְהַלֵּל בְּרִנָּה

7. דָּוִד וְנֶהְדָּר הַלְּבָנָה וְרִנָּה בְּבוֹאָם

In these words the י makes no sound.

8. שִׁירָיו שׁוֹמְרָיו אוֹהֲבָיו בָּנָיו בִּמְרוֹמָיו

וַשְׁתִּי

וֶרֶד

HERE ARE SOME OTHER WORDS THAT START WITH ו.

and you shall love ..... וְאָהַבְתָּ

and you shall speak ...... וְדִבַּרְתָּ

and you shall teach them .... וְשִׁנַּנְתָּם

and you shall guard .... וְשָׁמְרוּ

ט

ט = ת

טוֹב

ט״ו בִּשְׁבָט

טַלִּית

Practice these ט sounds and words.

1. טַ טוֹ טָה טֶ טְ טִי טֵ טֲ טֱ טֵ
2. טַל טוֹב טָלֶה טָרִי טִירָה בְּטֶרֶם
3. טוֹבָה טָמַן טִשְׁטֵשׁ בְּטֶרֶם טוֹמֵן
4. שָׁנָה טוֹבָה לְאַט שְׁבַט טַלִּית
5. טַלְטָל מָטָר טָהוֹר רָטוֹב טֶנֶא
6. הִמְטִיר לַהַט בִּשְׁבַט טַלִּיתוֹת טִרְטֵר
7. טוֹבֵל טוֹבִים בֶּטֶן הַמֵּטִיב מַטָּרָה
8. טָבַל טַל טָרִי טֶרֶם לְאַט אִטֵּר
9. אִטִּי בָּטֵל בְּטֵלָה הֵיטֵב נָטָה נָטַל

HERE ARE SOME OTHER WORDS THAT START WITH ט.

dew .... טַל

pure...................... טָהוֹר

non-kosher.......... טְרֵפָה

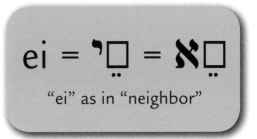

ei = ◌ֵי = ◌ֵא

"ei" as in "neighbor"

Siddur Words & Phrases

Here are some words and phrases from the סִדּוּר you can read!

1. מוֹדִים שָׁאַתָּה וְנֶאֱמָן שָׁמוֹר בֶּאֱמֶת
2. אַתָּה תָּמִיד שֶׁבֶת אֲדוֹן לְשָׁלוֹם
3. מַה טוֹב נָאִים וְאָדִיר וְטוֹב מוֹרִיד וְנוֹרָא
4. לִשְׁמוֹר לְדוֹר וָדוֹר הַדְּבָרִים וְדִבַּרְתָּ בָּם
5. וְטוֹב לִבְנֵיהֶם לָרִיב רִיבָם תְּהִלּוֹת בְּמִשְׁמְרוֹתֵיהֶם
6. בִּנְבִיאִים טוֹבִים בְּדִבְרֵיהֶם הַנֶּאֱמָרִים בֶּאֱמֶת
7. אֵל הַהוֹדָאוֹת אָמֵן וְאָמֵן אֶת הַשֶּׁמֶשׁ לְמֶמְשֶׁלֶת
8. הַדּוֹרוֹת הָאֵל נֶאֱמָן הָאוֹמֵר מַה אָשִׁיב אֲנִי אָמַרְתִּי

Can you see the *shoresh* ידה in these words? Sometimes the י changes into a וֹ.

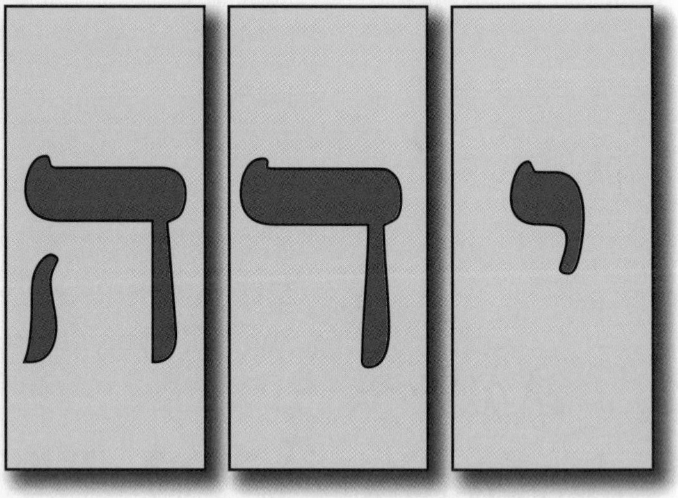

thanked = הוֹדָה

thanks = תּוֹדָה

give thanks = מוֹדֶה

to give thanks = לְהוֹדוֹת

The *shoresh* ידה means "thank."

תּוֹדָה רַבָּה "Thank you very much"

מוֹדִים אֲנַחְנוּ לָךְ "We thank You..." (a blessing of thanksgiving in the עֲמִידָה)

טוֹב לְהוֹדוֹת "Good to give thanks"

More Hebrew Roots

Here are some more Hebrew roots you haven't studied.
The root in the box is part of each word on that line.
Scan and practice each line. Can you find all the letters of the root?

1.	ראה	רוֹאֶה	רְאֵה	רָאָה	נִרְאָה	לִרְאוֹת	Sometimes the final ה drops out.
2.	בּרא	בּוֹרֵא	בָּרָא	נִבְרָא	בְּרִיאָה	לִבְרִיאַת	
3.	הלל	מְהַלֵּל	הִלַּלְתִּי	הַלֵּל	וַאֲהַלְלָה	תְּהַלֵּל	
4.	נתן	נָתַן	נוֹתֶנֶת	נִתַּן	נָתְנָה	נוֹתְנִים	נוֹתֵן

ע

עָה = אָה

עֵץ

עֵץ חַיִּים

עוֹלָם

Try these words and sounds with ע in them.

1. עַ עִי עֶ עָה עוֹ עַל עוֹל עוֹלָם
2. עָנָה עַם עָב עָנָן עֵד עֵט רַעֲשָׁן
3. רֶבַע רָע רָשָׁע רַעַשׁ רָעִים רוֹעֶה
4. רוֹעִים מְעַט עָרִים עוֹבֵר עִיר עֲמִידָה
5. רַבּוֹתַי עָלַי שַׁדַּי אֱלוֹהַי

עָי = עַי
say EYE

Siddur Words & Phrases

Here are some words from the סִדּוּר.

6. לְמַעַן שְׁמוֹ מוֹשִׁיעַ שְׁמַע
7. אֲשֶׁר בִּדְבָרוֹ מַעֲרִיב עֲרָבִים
8. לְעוֹלָם וָעֶד מֵעַתָּה וְעַד עוֹלָם
9. עַל הַתּוֹרָה וְעַל הָעֲבוֹדָה וְעַל הַנְּבִיאִים

HERE ARE SOME OTHER WORDS THAT START WITH ע.

nation .... עַם

cosmos .... עוֹלָם

standing prayer .... עֲמִידָה

going up ...... עֲלִיָּה
called up to the Torah

Can you see the *shoresh* ערב in these words?

evening = עֶרֶב

mix = עֵרֵב

make mixture/make evening/ = מַעֲרִיב

evenings = עֲרָבִים

ע ר ב

The *shoresh* ע ר ב means "mix" in one context; it forms the base of "evening" in another context.

וַיְהִי־עֶרֶב וַיְהִי־בֹקֶר יוֹם אֶחָד "There was evening, there was morning, a first day." GENESIS 1.5

מַעֲרִיב עֲרָבִים "Who makes evening the evenings/Who mixes the evenings". מַעֲרִיב עֲרָבִים is the first prayer after בָּרְכוּ in the evening service.

עִרְבֵּב "To mix one thing with another; to stir"

עֵרוּב An "enclosed private area" within which the Torah permits carrying on Shabbat and Yom Kippur. Such an area enclosed and considered "private" may vary in size from a small home to an entire community.

Circle the two words on each line that are spelled differently but sound *exactly* alike.

1. טוֹב עֵת אוֹת לֵב אֵת אַתְּ בֵּית רַב

2. אוֹר עוֹל תּוֹר שׁוֹר עוֹד אֵל עוֹר טוֹב

3. רוֹעֶה מוֹרֶה תּוֹרָה רוֹאֶה תּוֹאֶה טוֹבָה

4. אָמִיר טָמִיר אוֹמֵר שׁוֹמֵר תָּמִיר תָּמָר

Writing Practice

Practice printing or writing a ן.

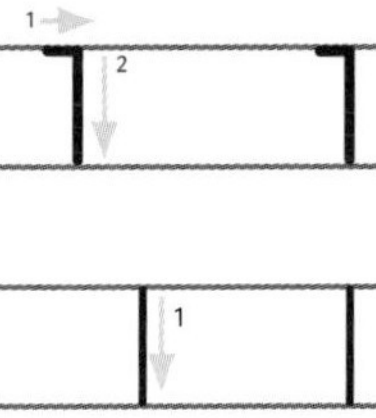

PRINT

SCRIPT

Practice printing or writing a ט.

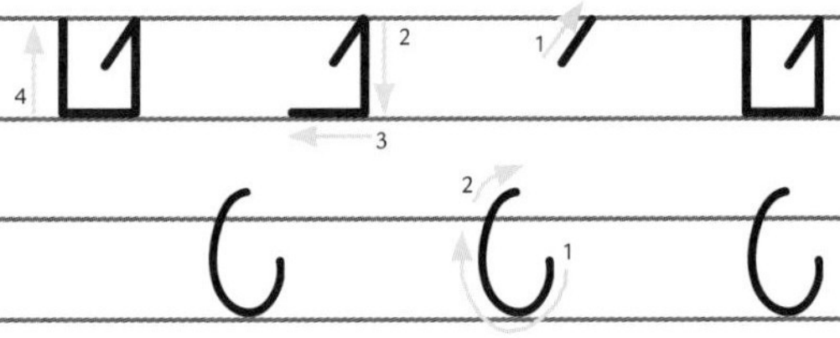

PRINT

SCRIPT

Practice printing or writing an ע.

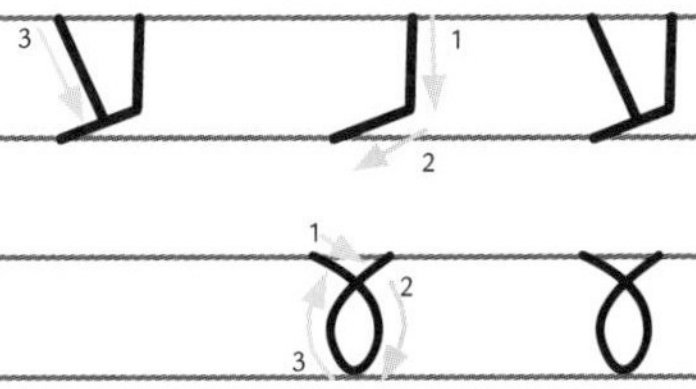

PRINT

SCRIPT

Now print or write these words.

בְּמִשְׁמְרוֹתֵיהֶם

טוֹב לְהוֹדוֹת

לְדוֹר וָדוֹר

מַעֲרִיב עֲרָבִים

לְעוֹלָם וָעֶד

Practice @Home

Here are some words from the סִדּוּר.

Siddur Words & Phrases

1. וְטוֹב וְנָעִים וְנוֹרָא וְאַדִּיר הֵטִיב מֵטִיב
2. נְעִימוֹת עוֹמְדִים וְאָהַבְתָּ וְדִבַּרְתָּ בָּם
3. מָטָר וַאֲדָמָה אֲשֶׁר וְלִמַּדְתֶּם לְדַבֵּר לְעוֹלָם וָעֶד
4. אֲשֶׁר בִּדְבָרוֹ מַעֲרִיב עֲרָבִים רוֹמְמֵי שַׁדַּי וְעַל מְאוֹרֵי אוֹר
5. עַל הַתּוֹרָה וְעַל הָעֲבוֹדָה וְעַל הַנְּבִיאִים שִׁיר הַמַּעֲלוֹת
6. טוֹבִים מְאוֹרוֹת שֶׁבָּרָא לְהוֹדִיעַ לִבְנֵי הָאָדָם לָתֵת לָהֶם

Circle the two words on each line that are spelled differently but sound exactly alike.

7. טוֹב עֵת אוֹת לֵב אֵת אַתְּ בֵּית רַב
8. אוֹר עוֹל תּוֹר שׁוֹר עוֹד אֵל עוֹר טוֹב
9. רוֹעֶה מוֹרֶה תּוֹרָה רוֹאֶה תּוֹאֶה טוֹבָה
10. אָמִיר טָמִיר אוֹמֵר שׁוֹמֵר תָּמִיר תָּמָר

Meet the Consonants and Vowels for this Lesson

ך כ כּ

"Ch" "K" (Chas "kavgn" dot point)

כָּף (Kaf) כָּף (Kaf)

כָּף סוֹפִית (Kaf Sofit)

In some settings the character כ and the ך are called by the name כָף *khaf* and כָף סוֹפִית *khaf sofit* respectively. In fact, they are כּ consonants without a *dagesh*. They each sound like "kh".

י and

(Yud) יוֹד

◌ֻ is called קֻבּוּץ (kubbutz).

וּ◌ is called שׁוּרֻק (shuruk).

אבּבגדהוזחטיכּכךלמםנןסעפּפףצץקרשׁשׂתּת

◌ָ ◌ַ ◌וֹ ◌ֹ ◌ִי ◌ִ ◌ְ ◌ֲ ◌ֵ ◌ֶ ◌ֱ ◌ֵי ◌ָי ◌ַי ◌וּ ◌ֻ ◌ֹ ◌ֳ

כּ

כָּ = כַּ

Practice these כּ words and sounds.

1. כַּ כֶּ כֵּי כוֹ כִּ כֵּא כְּ כָּ כֵּ
2. כֶּתֶר כָּשֵׁר כִּבֵּד כָּתַב כֶּלֶב כָּבוֹד
3. כּוֹל כּוֹבַע כֵּן כַּלָּה כְּמוֹ כּוֹתֶבֶת
4. כֶּרַע כָּרִישׁ כְּרוּם כִּנְכֵּן בִּכָּה כָּמַר
5. כְּלָל כְּלָלִי כַּלְכָּלָה כָּלִיל כּוֹתֶרֶת
6. כּוֹתֵב כְּבַר דַּכָּה בַּכִּיר מַכִּיר הֶכֵּר
7. כִּכָּר כִּלְכֵּל עַכָּבִישׁ כְּדֵי כּוֹתֵב כּוֹרֵת
8. שִׁכּוֹר מַכָּר הִכִּיר דַּכָּא כַּמָּה כִּמְעַט

כִּפָּה

כֹּתֶל

כַּרְפַּס

HERE ARE SOME OTHER WORDS THAT START WITH כּ.

honor .... כָּבוֹד

strength .... כֹּחַ

priest .... כֹּהֵן

Jewish marriage contract .. כְּתֻבָּה

46 Lesson 6

כָ

sounds like

KHA

כָּ

sounds like

KA

1. כַּר כֵּן כַּד כַּת מָכַר לָכֵן לָכַד הָכֵן רַכָּה כִּי

2. בְּכַת הֲכִי לְכִי כָּכָה שָׁכַב כָּרַע מוֹכֵר כּוֹכָב כְּבָר

3. שׁוֹכֵן מַכִּיר אוֹכֵל בְּכִי בְּרָכָה בִּרְכוֹת מְכוֹנִית תְּכֵלֶת

This is a final ך, which comes at the end of a word. Unlike the final consonants ם or ן, a ך can have a vowel—ךָ and ךְ or a *dagesh*—ךָּ and ךּ.

4. לֶךְ כַּךְ בָּךְ אֵיךְ תּוֹךְ

5. הַךְ רַךְ לָךְ דֶּרֶךְ בֶּרֶךְ

6. בְּתוֹךְ עוֹדֵךְ עָרַךְ מֶלֶךְ שֶׁלְּךָ מִמְּךָ נֵרְךָ שֶׁבֵּרַךְ

7. לְךָ בְּךָ שִׁמְךָ בֵּיתֶךָ אוֹרְךָ כָּמוֹךָ דְּבָרְךָ עַמְּךָ

8. לְבָבְךָ תּוֹרָתֶךָ מְבָרֵךְ הָלַךְ תַּהֲלִיךְ מַלְאַךְ עַמְּךָ

9. לְבָנֶיךָ מְאוֹדֶךָ תְּהִלָּתֶךָ בְּבֵיתֶךָ עֵינֶיךָ תַּאֲרִיךְ

Can you see the *shoresh* כבד in these words?

כ ב ד

honor = כָּבוֹד

heavy = כָּבֵד

liver = כָּבֵד

The *shoresh* כבד means "heavy" in one context; it forms the base of "honor" or "respect" in another context.

כָּבֵד "liver"—the largest organ in the human body—weighing about 3 pounds

כָּבֵד "heavy" in weight, also "difficult"

כָּבוֹד "respect" or "honor"

Moses responds to God's call for him to speak to Pharaoh and lead the Children of Israel out of Egypt with the words כִּי כְבַד־פֶּה וּכְבַד לָשׁוֹן אָנֹכִי "Heavy of mouth and heavy-tongued am I."

Pharaoh was not ready to let the Children of Israel go. כָּבֵד לֵב פַּרְעֹה "Pharaoh's heart was heavy" (with stubbornness).

And from the Ten Commandments: כַּבֵּד אֶת־אָבִיךָ וְאֶת־אִמֶּךָ "Honor your father and your mother."

Here are some words and phrases from the סִדּוּר.

Siddur Words

1. וְאַתָּה נוֹתֵן לָהֶם אֶת בְּעִתּוֹ שְׁמַע אֵל

2. וְאָהַבְתָּ אֶת הַדְּבָרִים עַל לְבָבֶךָ וְנוֹרָא

3. שָׁלוֹם רָב לְבָנֶיךָ וְדִבַּרְתָּ בְּשִׁבְתְּךָ בְּבֵיתֶךָ

4. מֵתִים אַתָּה רַב לְהוֹשִׁיעַ מוֹרִיד טָל

יָ = יַ

י

Sound out these י words and sounds.

1. יָ יַ יֵ יֶ יוֹ יִ יְ יָ יָם יָד

2. יֵשׁ יוֹם מִיָּד יוֹנָה יֶלֶד בַּיִת

3. יַעַר יַבָּשָׁה יַלְדָּה יָהִיר יְלָדָה

4. יָמִין יַבֶּשֶׁת יְדִיעָה יוֹבֵל יוֹם-טוֹב

5. וְהָיָה יִתְבָּרַךְ יִישָׁן יְדַבֵּר יִשְׁמַע

6. יַשְׁמִיד יְהִי וְיָשָׁר אַשְׁרֵי יוֹשְׁבֵי

7. יְמָמָה יַהֲלוֹם יְבָרֵךְ יִתְרוֹמָם

8. מַיִם אַיִל לַיִל לָיְלָה כִּיּוֹר

9. נְיָר יַיִן מֶלֶךְ מָלַךְ יִמְלוֹךְ

יָד

יְרוּשָׁלַיִם

יִשְׂרָאֵל

HERE ARE SOME OTHER WORDS THAT START WITH י.

wine.............................. יַיִן

Jew .... יְהוּדִי

create .... יוֹצֵר

awe.......................... יִרְאָה

בּוּ = בֻּ

They sound like BOO!

Now you can sound out these beyoooootiful sounds and words.

1. בּוּ תֻ רוּ דֻ שׁוּ יֻ כּוּ עֻ טוּ הֻ מוּ אֻ בֻּבָה
2. טוּב שׁוּב טוּר נוּר לוּל הוּא בָּרוּךְ יָדוּעַ טִיּוּל
3. שָׁבוּעַ כֻּלָּם לְעֻמָּתָם מְהֻלָּל כֻּלָּנוּ כָּתוּב כֻּלּוֹ לוּלָב
4. בְּרוּכִים שׁוּשָׁן מוּתָּר נְאוּם אוּמָּה תָּתוּרוּ מְלוּכָה
5. בָּרְכוּ כַּכָּתוּב מַלְכֵּנוּ וּבְרָכָה מְעֻמָּד בּוּעוֹת דַּיֵּינוּ
6. אָשַׁמְנוּ הֶעֱוִינוּ וְהִרְשַׁעְנוּ מָרַדְנוּ מְאֻבָּן יְרוּשָּׁה בְּרוּכָה
7. יַכִּירוּ יַלְדוּת עָוִינוּ רָשַׁעְנוּ בּוּאֲכֶם וְיוֹשִׁיעֵם יְרוּשָׁלַיִם
8. הַלְלוּיָהּ מְאֻכָּל מַלְכוּתְךָ יְרֵאָיו רַב טוּבְךָ יַבִּיעוּ
9. אַשְׁרֵי יוֹשְׁבֵי בֵיתֶךָ עוֹד יְהַלְלוּךָ מֵעַתָּה וְעַד עוֹלָם הַלְלוּיָהּ

Can you see the *shoresh* ברך in these words? The root is found in every בְּרָכָה.

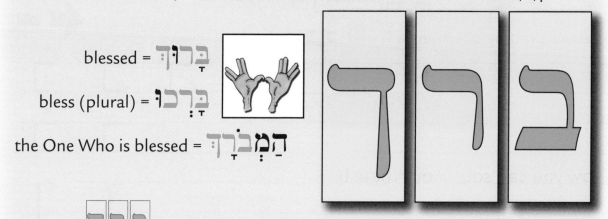

blessed = בָּרוּךְ

bless (plural) = בָּרְכוּ

the One Who is blessed = הַמְבֹרָךְ

ב ר ך

The *shoresh* ברך means “bless.” Many words and phrases are derived from this *shoresh*.

בְּרוּכִים הַבָּאִים	“Welcome”: The traditional greeting to the bride and groom that welcomes them under the *h̲upah*.
מִי שֶׁבֵּרַךְ	“May the One who blessed...”: The first two words in the prayer said on behalf of those who are ill.
בֶּרֶךְ	“Knee”: We bend at the knee and bow from the waist when we say בָּרוּךְ at the beginning of a בְּרָכָה.
בְּרָכָה	“A blessing”: A sentence or paragraph of Hebrew prayer that begins with the word בָּרוּךְ.

We find a wonderful collection of words derived from the *shoresh* ברך in the Torah when God calls to the patriarch Abraham for the first time.

Adonai said to Avram:	וַיֹּאמֶר יי אֶל־אַבְרָם
“Go forth from your land and your birthplace	לֶךְ־לְךָ מֵאַרְצְךָ וּמִמּוֹלַדְתְּךָ
and from your father’s house	וּמִבֵּית אָבִיךָ
to the place that I will show you.	אֶל־הָאָרֶץ אֲשֶׁר אַרְאֶךָּ׃
I will make of you a great nation and I will bless you	וְאֶעֶשְׂךָ לְגוֹי גָּדוֹל וַאֲבָרֶכְךָ
And I will make your name great;	וַאֲגַדְּלָה שְׁמֶךָ
and you shall be a blessing.	וֶהְיֵה בְּרָכָה׃
I will bless those who bless you	וַאֲבָרְכָה מְבָרְכֶיךָ
And those who curse you will I curse	וּמְקַלֶּלְךָ אָאֹר
And all the families of the land	וְנִבְרְכוּ בְךָ
Will be blessed through you. GENESIS 12:1-3	כֹּל מִשְׁפְּחֹת הָאֲדָמָה׃

Writing Practice

Practice printing or writing a ך and כּ, כ.

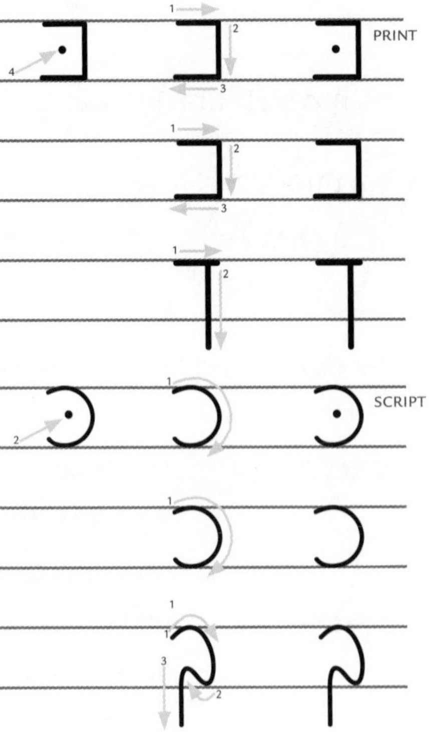

PRINT
SCRIPT

Practice printing or writing a י.

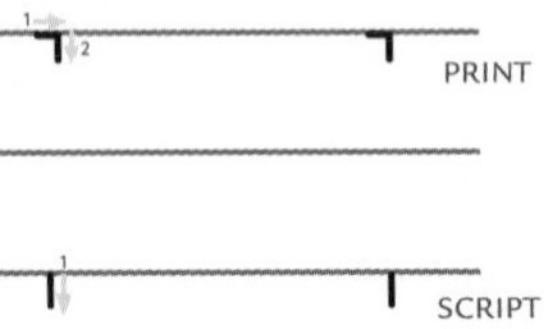

PRINT
SCRIPT

Now print or write these words.

בְּרָכָה

יְבָרֵךְ

יְרוּשָׁלַיִם

Practice @Home

Here are some words and phrases from the סִדּוּר.

Siddur Words & Phrases

1. אַשְׁרֵי יוֹשְׁבֵי בֵיתֶךָ שִׁמְךָ יוֹם יְדַבֵּרוּ
2. לְעוֹלָם וָעֶד אֱלוֹהַי לְדוֹר הֲדַר
3. כְּבוֹד שֶׁכָּכָה הָעָם הוֹדֶךָ וְדִבְרֵי לִבְנֵי הָאָדָם
4. טוּבְךָ יַבִּיעוּ טוֹב יוֹדוּךָ יְבָרְכוּכָה לְהוֹדִיעַ
5. מַלְכוּתוֹ עֵינֵי וְאַתָּה נוֹתֵן לָהֶם בְּעִתּוֹ מַלְכוּתְךָ
6. וְאֶת שַׁוְעָתָם יִשְׁמַע וְיוֹשִׁיעֵם שׁוֹמֵר הָרְשָׁעִים
7. וַאֲבָרְכָה שִׁמְךָ לְעוֹלָם וָעֶד וַאֲהַלְלָה שִׁמְךָ לְעוֹלָם וָעֶד
8. הֲדַר כְּבוֹד הוֹדֶךָ וּכְבוֹד הֲדַר מַלְכוּתוֹ וְתוֹמְכֶיהָ מְאֻשָּׁר
9. נְבָרֵךְ יָהּ מֵעַתָּה וְעַד עוֹלָם הַלְלוּיָהּ בַּעֲבוּר דָּוִד עַבְדֶּךָ
10. הֲשִׁיבֵנוּ יי אֵלֶיךָ וְנָשׁוּבָה אָבִינוּ מַלְכֵּנוּ אֲדוֹן הַשָּׁלוֹם
11. וְהוֹשִׁיעֵנוּ לְמַעַן שְׁמֶךָ אוֹדְךָ כִּי עֲנִיתָנִי וַתְּהִי לִי לִישׁוּעָה

Meet the Consonants and Vowels for this Lesson

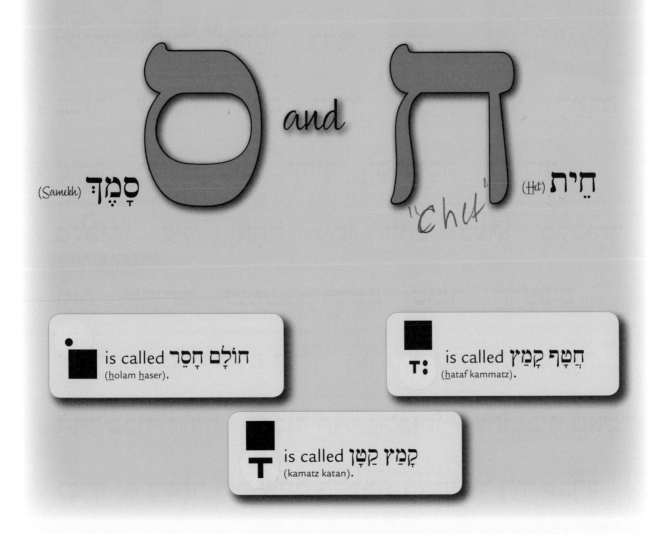

ס and ח

(Samekh) סָמֶךְ

"Chet"

(Ḥet) חֵית

◌ֹ is called חוֹלָם חָסֵר (holam haser).

◌ֳ is called חֲטָף קָמַץ (hataf kammatz).

◌ָ is called קָמַץ קַטָן (kamatz katan).

א בּ ב ג ד ה ו ז ח ט י כּ כ ך ל מ ם נ ן ס ע פּ פ ף צ ץ ק ר שׁ שׂ תּ ת

◌ָ ◌ַ ◌וֹ ◌ִ ◌ִי ◌ְ ◌ֲ ◌ֵ ◌ֶ ◌ֱ ◌ֵי ◌ָי ◌ַי ◌וּ ◌ֻ ◌ֹ ◌ֳ

ח

חַ = חָ

Practice these ח words and sounds.

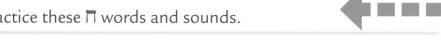

1. חָ חוֹ חִי חַ חֵ חוּ חֻ חֶ חֲ חֱ חֵי

2. חֵן חַם חָד חָל חַי חַיִים לְחַיִים

3. חוֹל לוּחוֹת חִנּוּךְ חָלָב תַּחַת אָח

4. חָבוּר חֲבִיבוּת חָבַל חֶשְׁבּוֹן חֲתִימָה

5. חֲנֻכָּה חֲנֻכִּיָּה חַלָּה חָלָב אֶחָד חָדָה

6. חֵטְא מְחֻטָּב אַחַת אֲנַחְנוּ רַחֲמִים

7. מֶלַח לֶחֶם חֶמְאָה שַׁחֲרִית הָרַחֲמָן

8. חָבֵר חֲבֵרִים שׁוֹלַחַת מַחְבֶּרֶת כְּחֻלָּה

9. תְּחִלָה בָּחַר בָּחוּר בַּחוּרָה בְּדִיחָה

חֹשֶׁן

חַלָּה

חֲנֻכִּיָּה

HERE ARE SOME OTHER WORDS THAT START WITH ח.

Hanukkah .... חֲנֻכָּה

kindness .... חֶסֶד

month .... חֹדֶשׁ

sin .... חֵטְא

at the end of a word חַ becomes אַח

1. טִיחַ חוֹחַ שׁוֹלֵחַ יָרֵחַ רֵיחַ

2. לוּחַ רוּחַ בּוֹרֵחַ בְּרוּחַ

3. טוֹרֵחַ מָשִׁיחַ אֲבַטִּיחַ לְשַׁבֵּחַ

יי stands for God's name. It is pronounced "Adonai".

Siddur Phrases

Practice these phrases from the סִדּוּר.

4. יִשְׁתַּבַּח שִׁמְךָ לָעַד מַלְכֵּנוּ   הֲשִׁיבֵנוּ יי אֵלֶיךָ וְנָשׁוּבָה

5. לְהוֹדוֹת לְךָ וּלְיַחֶדְךָ בְּאַהֲבָה   וְחַיֵּי עוֹלָם נָטַע בְּתוֹכֵנוּ

6. בָּרוּךְ שֶׁאָמַר וְהָיָה הָעוֹלָם, בָּרוּךְ הוּא   בָּרוּךְ שְׁמוֹ

7. יי יְבָרֵךְ אֶת עַמּוֹ בַשָּׁלוֹם   יְהִי שֵׁם יי מְבֹרָךְ מֵעַתָּה וְעַד עוֹלָם

8. וַאֲנַחְנוּ כּוֹרְעִים וּמִשְׁתַּחֲוִים וּמוֹדִים   כִּי הֵם חַיֵּינוּ וְאֹרֶךְ יָמֵינוּ

9. וְשִׁנַּנְתָּם לְבָנֶיךָ וְדִבַּרְתָּ בָּם בְּשִׁבְתְּךָ בְּבֵיתֶךָ וּבְלֶכְתְּךָ בַדֶּרֶךְ

Oh, Oh, Oh

Sometimes the חוֹלָם vowel is written with the vav: וֹ.

And sometimes the חוֹלָם is written without the vav: ■ֹ.

דֹ = דוֹ

1. מֹ חֹ כֹ לֹ רֹב דֹּר לֹא בֹּא כֹּל
2. עֹל כֹּחַ רֹעַ חֹחַ מֹחַ נֹחַ אָדֹם
3. לֹבֶן עֹנִי אֲדֹנָי כְּתֹנֶת כֹּתֶל חֹדֶשׁ רֹאשׁ
4. אָנֹכִי הַמְבֹרָךְ מֹשֶׁה חֹשֶׁן אֱלֹהִים אֱלֹהֵינוּ

Sometimes the same word is spelled in different ways.

5. מוֹשֶׁה מֹשֶׁה לוֹא לֹא
6. חוֹדֶשׁ חֹדֶשׁ הַמְבוֹרָךְ הַמְבֹרָךְ
7. כּוֹל כֹּל כָּל

וֹ = ■ָ

בֳּ = בּוֹ

The חֲטָף קָמַץ sounds like וֹ.

8. הֳ עֳ חֳ אֳ עֳנִי

Can you see the *shoresh* היה in these words?
Sometimes the final ה drops out.

he was = הָיָה

he will be = יִהְיֶה

to be = לִהְיוֹת

The *shoresh* היה means "be." In Hebrew, there is no form of "be" as participle (present tense). The verb is fully represented in the past and future tenses; however, the third consonant ה often disappears, making this a very irregular verb!

In the hymn אֲדוֹן עוֹלָם we find a full exposition of the verb and the theology it helps express. Many of us know אֲדוֹן עוֹלָם as a closing hymn of the morning service. It is also part of the traditional liturgy when one says שְׁמַע right before going to bed. Many people say that it helps them fall asleep faster and awake more refreshed in the morning.

After all has ceased to be,	וְאַחֲרֵי כִּכְלוֹת הַכֹּל
God, the Awesome One, will reign alone.	לְבַדּוֹ יִמְלֹךְ נוֹרָא
It is God Who was, God Who is,	וְהוּא הָיָה וְהוּא הֹוֶה
and God Who shall be in splendor.	וְהוּא יִהְיֶה בְּתִפְאָרָה.

In the Torah account of Moses and God at the burning bush, Moses asks God to help him identify God when the Israelites ask Moses who sent him to free them. God responds with one of the most enigmatic and widely debated statements in Torah, using the verb היה. Here we are indebted to Everett Fox and his translation from *The Five Books of Moses*.

God said to Moses:	וַיֹּאמֶר אֱלֹהִים אֶל־מֹשֶׁה
"I will be-there howsoever I will be-there/I am that I am"	אֶהְיֶה אֲשֶׁר אֶהְיֶה
[God] said: "Thus shall you say to the Children of Israel:	וַיֹּאמֶר כֹּה תֹאמַר לִבְנֵי יִשְׂרָאֵל
'Eh-yeh/I-Will-Be-There sends me to you.'" EXODUS 3:14	אֶהְיֶה שְׁלָחַנִי אֲלֵיכֶם

ס

סָ = סַ

Practice these ס words and sounds.

1. סְ סוֹ סַ סֹ סְ סוּ סֵ סָ סִי סֶ
2. סַל סוֹב סוֹד סוּר סוּס סַם
3. סִדּוּר סֻכּוֹת חֲרֹסֶת חֶסֶד סֵדֶר
4. כִּסֵּא כִּסְאוֹ הַנִּסִּים אָסוּר סֻכָּה
5. סֻלָּם סוֹלֵל טִיסָה סַבָּא סָבְתָא
6. הִסְתּוֹבֵב יַסְכִּים הַסְכָּמָה הִסְתַּתֵּר
7. חָסִיד בְּסֵדֶר סוֹמֵךְ הַמְסוֹרִים
8. סְעֻדָּה מִסְעָדָה סַבְלָנוּת מְסַיֵּם
9. סִינַי סְבִיבוֹן הִסְתַּדְּרוּת סוֹמְכִים

סִדּוּר

סְבִיבוֹן

סֻכָּה

HERE ARE SOME OTHER WORDS THAT START WITH ס.

book........................ סֵפֶר
order........................ סֵדֶר
forgiveness .... סְלִיחָה
Sinai .... סִינַי

Siddur Phrases

Practice these phrases from the סִדּוּר.

1. כִּי הֵם חַיֵּינוּ וְאֹרֶךְ יָמֵינוּ

2. וְאַהֲבָתְךָ עַל תָּסִיר מִמֶּנּוּ לְעוֹלָמִים

3. בָּרוּךְ אַתָּה יי אֱלֹהֵינוּ וֵאלֹהֵי אֲבוֹתֵינוּ

4. הָסֵר מֵעָלֵינוּ אוֹיֵב דֶּבֶר וְחֶרֶב וְרָעָב

5. וּבוֹאֵנוּ לְחַיִּים וּלְשָׁלוֹם מֵעַתָּה וְעַד עוֹלָם

6. וְלֹא תָתוּרוּ אַחֲרֵי לְבַבְכֶם וְאַחֲרֵי עֵינֵיכֶם

7. הַשְׁכִּיבֵנוּ יי אֱלֹהֵינוּ לְשָׁלוֹם וְהַעֲמִידֵנוּ מַלְכֵּנוּ לְחַיִּים

8. מְכַלְכֵּל חַיִּים בְּחֶסֶד מְחַיֵּה מֵתִים בְּרַחֲמִים רַבִּים

9. וְכֹל הַחַיִּים יוֹדוּךָ סֶּלָה וִיהַלְלוּ אֶת שִׁמְךָ בֶּאֱמֶת

10. חַיִּים שֶׁיִּמָּלְאוּ מִשְׁאֲלוֹת לִבֵּנוּ לְטוֹבָה אָמֵן סֶלָה

11. מַלְכוּתְךָ מַלְכוּת כָּל־עוֹלָמִים וּמֶמְשַׁלְתְּךָ בְּכָל־דּוֹר וָדוֹר

Writing Practice

Practice printing or writing a ח.

ח ר ח PRINT

SCRIPT

Practice printing or writing a ס.

ס ־ ס PRINT

SCRIPT

Now print or write these words.

סוֹמֵךְ

רַחֲמִים

אֱלֹהֵינוּ

חֲסָדִים

חֹשֶׁךְ

לְחַיִּים

סְבִיבוֹן

Practice @Home

Add the consonant or vowel in the box to the words to practice these words.

1.	ס	כִּ__ֵּא __ֵדֶר הַנִּ__ִּים חֲרֹ__ֶת
2.	וּ	סְע__דָה בָּר__ךְ ל__לָב מַלְכֵּנ__
3.	ח	לֶ__ֶם שֻׁלְ__ָן __ֲנֻכָּה __ַלָּה
4.	ד	בְּתוֹ__ְ עַמְ__ָ יְבָרֵ__ְ לְבָבְ__ָ
5.	י	__ַ__ִן עַ__ִן __ִמְלֹךְ הַלְלוּ__ָהּ

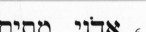

Siddur Words

Here are some words from the סִדּוּר.

6. אֲדֹנָי מֵתִים רַב לְהוֹשִׁיעַ הַשְׁכִּיבֵנוּ

7. מְכַלְכֵּל בְּרַחֲמִים הָרוּחַ וּמַתִּיר אֲסוּרִים

8. סוֹמֵךְ אֱמוּנָתוֹ לִישֵׁנֵי מִי מֶלֶךְ מֵמִית מוֹרִיד

9. וְנֶאֱמָן לְהַחֲיוֹת חוֹלִים בְּנֹסַע בְּחֶסֶד יְשׁוּעָה

Meet the Consonants for this Lesson

In some settings the character פ and the ף are called by the name פֵא *feh* and פֵא סוֹפִית *feh sofit* respectively. In fact, they are פּ consonants without a dagesh. They each sound like "f".

שׂ

(Sin) שִׂין

"Sin"

ף and פ פּ

(Peh) פֵּה

(Peh) פֵּה

פֵה סוֹפִית

(Peh Sofit)

א בּ ב ג ד ה ו ז ח ט י כּ כ ך ל מ ם נ ן ס ע פּ פ ף צ ץ ק ר שׁ שׂ תּ ת

◌ָ ◌ַ ◌וֹ ◌ִ ◌ִי ◌ְ ◌ֱ ◌ֵ ◌ֶ ◌ֶ ◌ֵי ◌ָי ◌ַי ◌וּ ◌ֻ ◌ֹ ◌ֳ

שׂ

שׂ = ס

Practice these lines filled with scintillating שׂ sounds and words.

1. שְׂ שִׂי שַׂ שֵׂ שׂוֹ שָׂה שְׂ שֶׂ שֲׂ שֱׂ

2. שָׂם שַׂר שָׂרָה שָׂבַע שָׂשׂוֹן בָּשָׂר עֶשֶׂר

3. נָשָׂא בְּשָׂמִים שָׂמֵחַ שִׂמְחָה שִׂמְחַת תּוֹרָה

4. שָׂדֶה בֹּשֶׂם בְּשׂוֹרָה כֶּבֶשׂ מַשָּׂא מִשְׂרָד

5. נִשּׂוּאִים מַעֲשֶׂה עֶשְׂרִים עֲשֶׂרֶת הַדִּבְּרוֹת

6. שִׂיחָה חֲבֵרִים נִשּׂוּאִים שְׂרוּדִים שְׂרוּעָה

7. נָשִׂיא רְמָשִׂים שְׂעֹרָה שֵׂכֶל יִשְׂרָאֵל

8. שְׁמַע יִשְׂרָאֵל יי אֱלֹהֵינוּ יי אֶחָד

9. בָּרוּךְ שֵׁם כְּבוֹד מַלְכוּתוֹ לְעוֹלָם וָעֶד.

Ask your teacher why the ע and ד are big in this sentence.

שִׂמְחָה

שִׂמְחַת תּוֹרָה

HERE ARE SOME OTHER WORDS THAT START WITH שׂ.

joy .... שָׂשׂוֹן

conversation .... שִׂיחָה

happy .... שָׂמֵחַ

Can you see the *shoresh* עשׂה in these words? Sometimes the ה drops out.

makes = עוֹשֶׂה

will make = יַעֲשֶׂה

your makings = מַעֲשֶׂיךָ

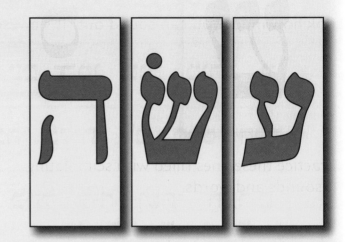

The *shoresh* עשׂה means "do" or "make." It is different than the root בְּרָא that means "create."

And God finished on the seventh day	וַיְכַל אֱלֹהִים בַּיּוֹם הַשְּׁבִיעִי
The work that was made;	מְלַאכְתּוֹ אֲשֶׁר עָשָׂה
God ceased/rested on the seventh day	וַיִּשְׁבֹּת בַּיּוֹם הַשְּׁבִיעִי
From all the work that was done.	מִכָּל־מְלַאכְתּוֹ אֲשֶׁר עָשָׂה.
God blessed the seventh day	וַיְבָרֶךְ אֱלֹהִים אֶת־יוֹם הַשְּׁבִיעִי
And made it holy	וַיְקַדֵּשׁ אֹתוֹ
For on it God ceased/rested from all the work	כִּי בוֹ שָׁבַת מִכָּל־מְלַאכְתּוֹ
Which God in creating had made. GENESIS 2.2-3	אֲשֶׁר בָּרָא אֱלֹהִים לַעֲשׂוֹת.

Now practice this prayer that asks God to make peace.

Siddur Phrases

1. עֹשֶׂה שָׁלוֹם בִּמְרוֹמָיו

2. הוּא יַעֲשֶׂה שָׁלוֹם עָלֵינוּ

3. וְעַל כָּל־יִשְׂרָאֵל וְאִמְרוּ אָמֵן.

Look how much you can sound out! It's awesome!

1. לוּלָב שַׁבָּת בַּיִת דֶּלֶת עַם הָמָן שָׁנָה מוֹרָה וָו

2. לֵב רַב בִּימָה וֶרֶד סֻכָּה טַלִּית דֹּב דְּבַשׁ חַלָּה

3. נָחָשׁ רַעֲשָׁן כֶּלֶב לֶחֶם כֹּתֶל לוּחַ וַשְׁתִּי חֲבֵרִים

4. נֵרוֹת חֹשֶׁן ט״וּ בִּשְׁבָט חֲנֻכִּיָּה תּוֹרָה הַבְדָּלָה

5. מֹשֶׁה הַלְלוּיָהּ טֶבַע סִדּוּר רִמּוֹנִים סֻכּוֹת רֹאשׁ

6. בֵּית כְּנֶסֶת סְבִיבוֹן יִשְׂרָאֵל יְרוּשָׁלַיִם אֲדָמָה חֲנֻכָּה

7. אַחַת שְׁתַּיִם שָׁלֹשׁ אַרְבַּע חַמֵשׁ שֵׁשׁ שֶׁבַע שְׁמוֹנֶה

8. תֵּשַׁע עֶשֶׂר אַחַת עֶשְׂרֵה שְׂאוֹר שָׂבֵעַ שָׂרוּעַ שׂוֹדֵד

9. שָׂשׂוֹן עוֹשֶׂה שְׂאוּ נָשְׂאוּ מַעֲשֶׂה וּשְׂמֹאל שָׂכָר

10. הִשִּׂיא הִשְׂכִּיר הַשְׂכָּלָה הַשְׂכָּרָה הִשְׂתָּעֵר הִשְׂתָּרְרוּת

11. וַעֲשִׂיתֶם שׂוֹנְאֵיהֶם וְנִשְׂמְחָה בְּשִׂמְחָה רַבָּה שִׂמְחַת תּוֹרָה

פּ

פַּ = פָּ

Practice these פּ words and sounds.

1. פֶּ פִּ פֹּ פָּ פֵּי פִּי פַּ פּוּ פֵּ פַּי

2. פֶּה פֹּה פָּה פֵּי פִּיל פַּה פּוֹל פּוּר

3. פֶּן פֶּלֶא פּוּרִים פָּר פַּרְפַּר פְּרִי

4. פַּס פֶּסַח פִּלְפּוּל סַפָּר יִפֹּל טִפָּה

5. כַּרְפַּס כִּפָּה פָּרָשָׁה פֶּרַח יוֹם כִּפּוּר

6. פֵּירוֹת עִפָּרוֹן פָּנִים פַּרְנָסָה מְחַפֵּשׂ

7. פְּשָׁט פַּת פִּלְפֵּל פְּרוּטָה פָּרוֹכֶת

8. אִכְפַּת טִפֵּשׁ מַפָּה מַפִּית מִפְּנֵי

פֶּסַח

פּוּרִים

HERE ARE SOME OTHER WORDS THAT START WITH פּ.

fruit of .... פְּרִי

face .... פָּנִים

Torah portion ..... פָּרָשָׁה

open .... פּוֹתֵחַ

Sometimes the פּ turns into a פ.

Practice these sounds and words with a פ.

1. פִי פַי פוֹ פַם פוּ נָפַל אֶפֶס שָׁפָן תָּפַס

2. סֵפֶר שׁוֹפָר הֵפֶךְ שָׂפָה סָפַר יָפֶה יָפוֹת

3. כְּפִיר וְפַתַח רֶפֶת אֲפִילוּ יֹפִי אֹפֶן סוֹפֵר

4. כְּפִירִים אֶפְרֹחַ מְלָפְפוֹן אֵיפֹה מַפְטִיר אֶפְשָׁר

5. אֲפִילוּ שׁוֹפֵט רוֹפֵא הַפְטָרָה טֹטָפוֹת תְּפִלָּה

6. כְּפוּפִים שְׂפָתַיִם שְׁפִיכוּת נַפְשְׁךָ תְּפִיפָה תַּפְרִיט

The פ has a final form ף.

7. סוֹף דַף עוֹף חַף כָּף טַף תֹּף אַף אָסַף

8. כְּכָף נֶשֶׁף עָנָף אֶלֶף מוּסָף עַיֵף הַכָּנָף

9. דִּפְדֵף טִפְטֵף שִׁפְשֵׁף נִפְנֵף אִנְפֵף יַנְשׁוּף

Siddur Phrases

Practice these phrases from the סִדּוּר.

1. שָׁלוֹם רָב עַל-יִשְׂרָאֵל עַמְּךָ תָּשִׂים לְעוֹלָם

2. אָבִינוּ מַלְכֵּנוּ, שְׁלַח רְפוּאָה שְׁלֵמָה לְפָנֶיךָ

3. עוֹשֶׂה שָׁלוֹם בִּמְרוֹמָיו הוּא יַעֲשֶׂה שָׁלוֹם עָלֵינוּ

4. בְּסֵפֶר חַיִּים בְּרָכָה וְשָׁלוֹם וּפַרְנָסָה טוֹבָה

5. בּוֹאֲכֶם לְשָׁלוֹם מַלְאֲכֵי הַשָּׁלוֹם מַלְאֲכֵי עֶלְיוֹן

6. וּשְׁמֹר צֵאתֵנוּ וּבוֹאֵנוּ לְחַיִּים וּלְשָׁלוֹם מֵעַתָּה וְעַד עוֹלָם.

7. וְאָהַבְתָּ אֵת יי אֱלֹהֶיךָ בְּכָל-לְבָבְךָ וּבְכָל-נַפְשְׁךָ וּבְכָל-מְאֹדֶךָ.

8. בְּחָכְמָה פּוֹתֵחַ שְׁעָרִים וּבִתְבוּנָה מְשַׁנֶּה עִתִּים

9. סוֹמֵךְ נוֹפְלִים וְרוֹפֵא חוֹלִים וּמַתִּיר אֲסוּרִים

10. וַיְכַל אֱלֹהִים בַּיּוֹם הַשְּׁבִיעִי מְלַאכְתּוֹ אֲשֶׁר עָשָׂה

11. וַיִּשְׁבֹּת בַּיּוֹם הַשְּׁבִיעִי מִכָּל-מְלַאכְתּוֹ אֲשֶׁר עָשָׂה

12. שִׂים שָׁלוֹם טוֹבָה וּבְרָכָה חֵן וָחֶסֶד וְרַחֲמִים

Can you see the *shoresh* ספר in these words?

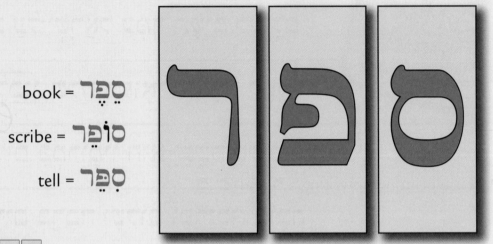

ספר

book = סֵפֶר

scribe = סוֹפֵר

tell = סַפֵּר

The *shoresh* ספר means "count" in one context and "recount" or "tell" in another.

סִפְרִיָּה	Library
סִפּוּר	Story
סַפְרָן	Librarian
סֵפֶר תּוֹרָה	Torah scroll
סוֹפֵר	Scribe
סִפְרֵי הַקֹּדֶשׁ	"Holy Scriptures"—the Jewish Bible, including Torah, Prophets and Writings
סֵפֶר הַחַיִּים	"Book of Life"—from our High Holiday liturgy—the book in which God inscribes the fate of each person for the coming year.

Siddur Phrases

Practice these phrases from a High Holy Day prayer.

1. בְּסֵפֶר חַיִּים בְּרָכָה וְשָׁלוֹם וּפַרְנָסָה טוֹבָה

2. אֲנַחְנוּ וְכָל-עַמְּךָ בֵּית יִשְׂרָאֵל לְחַיִּים טוֹבִים וּלְשָׁלוֹם

3. בָּרוּךְ אַתָּה יי עֹשֵׂה הַשָּׁלוֹם

Writing Practice

Practice printing or writing a שׁ.

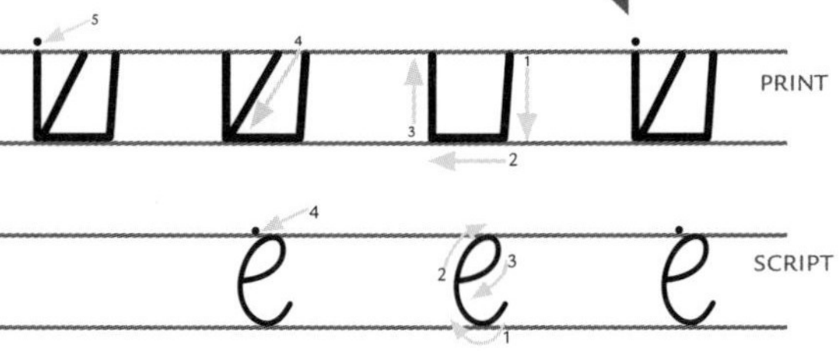

PRINT

SCRIPT

Practice printing or writing a ף and ,פ ,פּ.

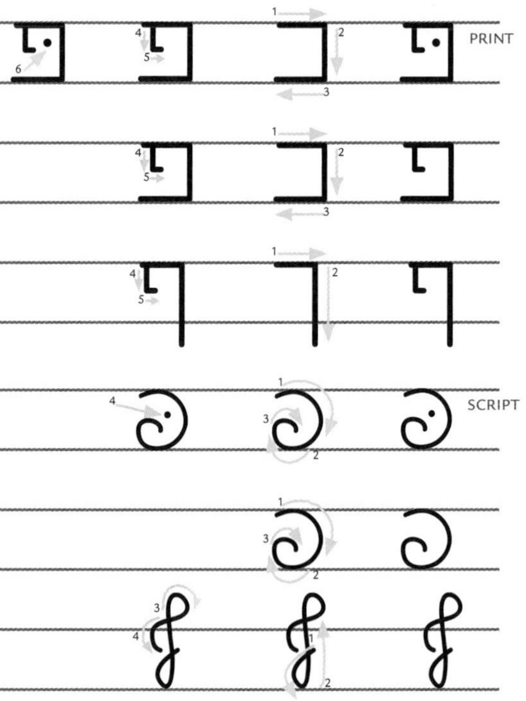

PRINT

SCRIPT

Now print or write these words.

יִשְׂרָאֵל

פָּרָשָׁה

הַפּוֹרֵשׁ

Practice @Home

Practice, practice and more practice.

Siddur Phrases

1. אֵין כָּמוֹךָ בָאֱלֹהִים אֲדֹנָי וְאֵין כְּמַעֲשֶׂיךָ
2. יי מֶלֶךְ יי מָלָךְ יי יִמְלֹךְ לְעוֹלָם וָעֶד
3. וְתֵן בְּלִבֵּנוּ לְהָבִין וּלְהַשְׂכִּיל לִשְׁמוֹעַ לִלְמֹד וּלְלַמֵּד
4. בְּחָכְמָה פּוֹתֵחַ שְׁעָרִים וּבִתְבוּנָה מְשַׁנֶּה עִתִּים
5. אָבִינוּ מַלְכֵּנוּ, שְׁלַח רְפוּאָה שְׁלֵמָה לְפָנֶיךָ
6. בְּסֵפֶר חַיִּים בְּרָכָה וְשָׁלוֹם וּפַרְנָסָה טוֹבָה
7. אֲנַחְנוּ וְכָל-עַמְּךָ בֵּית יִשְׂרָאֵל לְחַיִּים טוֹבִים וּלְשָׁלוֹם
8. בּוֹאֲכֶם לְשָׁלוֹם מַלְאֲכֵי הַשָּׁלוֹם מַלְאֲכֵי עֶלְיוֹן
9. מַלְכוּתְךָ מַלְכוּת כָּל-עוֹלָמִים וּמֶמְשַׁלְתְּךָ בְּכָל-דּוֹר וָדוֹר
10. וְשִׁנַּנְתָּם לְבָנֶיךָ וְדִבַּרְתָּ בָּם בְּשִׁבְתְּךָ בְּבֵיתֶךָ וּבְלֶכְתְּךָ בַדֶּרֶךְ

Meet the Consonants for this Lesson

ג and ז

(Gimel) גִּימֶל

(Zayin) זַיִן

א בּ ב ג ד ה ו ז ח ט י כּ כ ך ל מ ם נ ן ס ע פּ פ ף צ ץ ק ר שׁ שׂ תּ ת

□ָ □ַ □וֹ □ִ □ִי □ְ □ֲ □ֵ □ֶ □ֱ □ֵי □ָי □ַי □וּ □ֻ □ֹ □ֳ

ז

זֹ = זוֹ

Practice these ז words and sounds.

1. זְ זוֹ זִי זֵ זֹ ז זֶ זוּ זַי זֱ
2. זֶה זָז זָן אָז זֵר זָר מַזָּל טוֹב אֹזֶן
3. זֶמֶר זְמִירָה זְמִירוֹת חַזָּן זֹאת תַּפּוּז
4. זַיִת כְּזַיִת יִזְכֹּר זְמַן לַזְּמָן זוֹכֵר זָכָר
5. מַחֲזוֹר מִזְרָח זְאֵב זְבוּב זָהָב זָרִיז
6. זֶרַע חֲזָרָה חֲזֶרֶת תִּזְמֹרֶת שָׁזִיף שָׁזוּף
7. שִׁזּוּר אָזְנַיִם אֵזוֹר אֶזְרָח אָחוּז בַּרְוָז
8. מְזוּזָה מִזְוָדָה מָזוֹן וּמְזֻמָּן מֶרְכָּז

זִכָּרוֹן

זָהָב

HERE ARE SOME OTHER WORDS THAT START WITH ז.

time .... זְמַן

this .... זֶה

feeds .... זָן

remembers .... זוֹכֵר

Can you see the *shoresh* זכר in these words?

ז כ ר

remembers = זוֹכֵר

remember us = זָכְרֵנוּ

remembrance = זִכָּרוֹן

The *shoresh* ז כ ר means "remember."

יִזְכֹּר	Literally "He will remember"—the memorial service that is part of the liturgy on Yom Kippur and the three major festivals of Passover, Shavuot and Sukkot
זִכְרוֹנָם לִבְרָכָה	"May their memory be for blessing"
זֵכֶר צַדִּיק לִבְרָכָה	"May the memory of the righteous be for blessing"

Siddur Phrases

Practice these phrases from the סִדּוּר that have words built form the root זכר.

1. זִכָּרוֹן לְמַעֲשֵׂה בְרֵאשִׁית
2. בָּרוּךְ אַתָּה יי אֱלֹהֵינוּ מֶלֶךְ הָעוֹלָם זוֹכֵר הַבְּרִית
3. וַתִּתֶּן לָנוּ יי אֱלֹהֵינוּ בְּאַהֲבָה אֶת יוֹם הַזִּכָּרוֹן הַזֶּה
4. יוֹם שַׁבָּתוֹן אֵין לִשְׁכּוֹחַ, זִכְרוֹ כְּרֵיחַ הַנִּיחֹחַ

ג

גָ = גָּ

Practice these גּ words and sounds.

1. גַ גֶ גֹ גָ גֱ גֳ גּוֹ גוּ גָּ גִי גֵּ גֲ
2. גַּן גַּם גֵּר גַּל גַּב גּוּף דַּג חַג גִּיר
3. אַגַּב סִגְסֵג נַגָּר גֶּשֶׁם גָּמָל אֶתְרוֹג
4. גָּדוֹל גֵּדֵל הַגָּדָה דֶּגֶל רֶגֶל רַגְלַיִם
5. עוּגָה עוּגִיּוֹת עַגְבָנִיָּה בְּגָדִים נָגִילָה
6. מִגְדָּל מְגִלָּה גִּבּוֹר גְּאֻלָּה גְּדוֹלָה
7. גְּמָרָא דֻּגְמָה הִגִּיעַ חֲגוֹרָה נִגּוּן סֶגֹּל
8. גֶּפֶן הַגָּפֶן בּוֹרֵא פְּרִי הַגָּפֶן גְּמִילוּת חֲסָדִים

גָּמָל

גָּדוֹל

HERE ARE SOME OTHER WORDS THAT START WITH גּ.

vine........................... גֶּפֶן

.... גְּמִילוּת חֲסָדִים
acts of loving kindness

redemption .... גְּאֻלָּה

Garden of Eden .... גַּן עֵדֶן

Siddur Phrases

Practice these סִדּוּר phrases.

1. גּוֹלֵל אוֹר מִפְּנֵי חֹשֶׁךְ וְחֹשֶׁךְ מִפְּנֵי אוֹר
2. הָאֵל הַגָּדוֹל הַגִּבּוֹר וְהַנּוֹרָא אֵל עֶלְיוֹן
3. בָּרוּךְ אַתָּה יי מָגֵן אַבְרָהָם וְעֶזְרַת שָׂרָה
4. אַתָּה גִּבּוֹר לְעוֹלָם אֲדֹנָי מְחַיֵּה מֵתִים אַתָּה רַב לְהוֹשִׁיעַ
5. וְעִם רוּחִי גְּוִיָּתִי יי לִי וְלֹא אִירָא אֲדוֹן עוֹלָם
6. בָּרוּךְ אַתָּה יי אֱלֹהֵינוּ מֶלֶךְ הָעוֹלָם בּוֹרֵא פְּרִי הַגָּפֶן

If וּ is "oo"
and וָ is "va,"
what's this: וָּ?
Answer: וָּ=VA

וָּ

Did you remember that sometimes dots are not pronounced? תּ=ת

So if ו already has a vowel—וָ,
don't pronounce the other dot—וָּ.

7. וַּ וּוֹ וֵּ וִּי עִוֵּר לִוָּה חַוָּה שִׁוּו כַּוָּנָה כִּוּוֹן כַּוֶּרֶת

Can you see the *shoresh* גאל in these words?

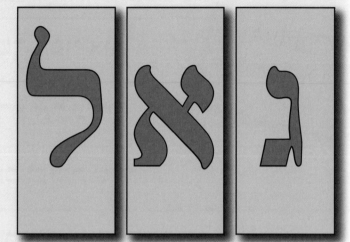

redeemed = גָּאַל

our Reedemer = גֹּאֲלֵנוּ

redemption = גְּאֻלָּה

ג א ל

The *shoresh* ג א ל means "redeem."

We first encounter this *shoresh* at the end of the Book of Genesis, as Jacob blesses Joseph and his sons.

הַמַּלְאָךְ הַגֹּאֵל אֹתִי מִכָּל־רָע	"the angel who delivers me from all evil."

We see it again in Exodus as one of God's four promises of deliverance from Egypt.

וְגָאַלְתִּי אֶתְכֶם בִּזְרוֹעַ נְטוּיָה	"And I will redeem you with an outstretched arm."
בִּרְכַּת גְּאֻלָּה	"Redemption" בְּרָכָה that follows the שְׁמַע in the evening and morning service, including the section that begins "מִי כָמֹכָה."

Siddur Phrases

Practice these three phrases from the סִדּוּר that have words built from the root גאל.

1. בָּרוּךְ אַתָּה יי גָּאַל יִשְׂרָאֵל
2. מַלְכֵּנוּ מֶלֶךְ אֲבוֹתֵינוּ גֹּאֲלֵנוּ גֹּאֵל אֲבוֹתֵינוּ
3. אָבִינוּ מַלְכֵּנוּ חָתְמֵנוּ בְּסֵפֶר גְּאֻלָּה וִישׁוּעָה

Writing Practice

Practice printing or writing a ז.

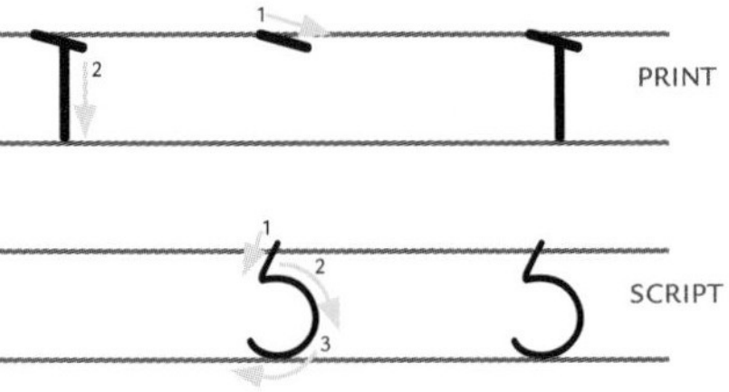

PRINT

SCRIPT

Practice printing or writing a ג.

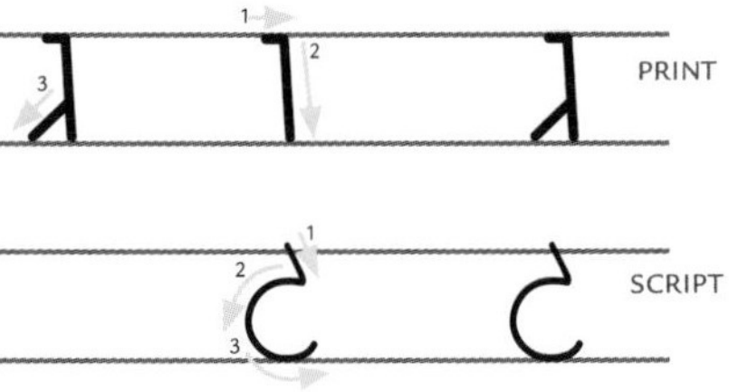

PRINT

SCRIPT

Now print or write these words.

זְמַן

מָזוֹן

מְזוּזָה

זוּג

גָּדוֹל

הִגִּיעַ

מְגִלָּה

Practice @Home

Siddur Phrases

Practice, practice and more practice.

1. מֵבִיא גוֹאֵל לִבְנֵי בְנֵיהֶם לְמַעַן שְׁמוֹ בְּאַהֲבָה

2. הַגָּדוֹל וְהַנּוֹרָא בָּטָחְנוּ נָגִילָה וְנִשְׂמְחָה בִּישׁוּעָתֶךָ

3. מְכַלְכֵּל חַיִּים בְּחֶסֶד מְחַיֵּה מֵתִים בְּרַחֲמִים רַבִּים

4. נוֹדֶה לְּךָ וּנְסַפֵּר תְּהִלָּתֶךָ עַל חַיֵּינוּ הַמְּסוּרִים בְּיָדֶךָ

5. וְשִׁנַּנְתָּם לְבָנֶיךָ וְדִבַּרְתָּ בָּם בְּשִׁבְתְּךָ בְּבֵיתֶךָ וּבְלֶכְתְּךָ בַדֶּרֶךְ

6. אַהֲבָה רַבָּה אֲהַבְתָּנוּ יי אֱלֹהֵינוּ חֶמְלָה גְדוֹלָה וִיתֵרָה

7. וְיַחֵד לְבָבֵנוּ לְאַהֲבָה וּלְיִרְאָה אֶת־שְׁמֶךָ וְלֹא נֵבוֹשׁ לְעוֹלָם וָעֶד

8. וְתֵן בְּלִבֵּנוּ לְהָבִין וּלְהַשְׂכִּיל לִשְׁמֹעַ לִלְמֹד וּלְלַמֵּד לִשְׁמֹר

9. וְשָׁמְרוּ בְנֵי יִשְׂרָאֵל אֶת־הַשַּׁבָּת לַעֲשׂוֹת אֶת־הַשַּׁבָּת לְדֹרֹתָם

Meet the Consonants for this Lesson

ק

קוּף (Kuf)

ץ and צ

צָדִי סוֹפִית (Tzadi Sofit)

צָדִי (Tzadi)

א בּ ב ג ד ה ו ז ח ט י כּ כ ך ל מ ם נ ן ס ע פּ פ ף צ ץ ק ר שׁ שׂ תּ ת

□ָ □ַ □וֹ □ִ □ִי □ְ □ֲ □ֵ □ֶ □ֱ □ֵי □ָי □ַי □וּ □ֻ □ֹ □ֳ

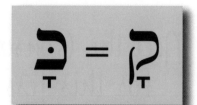

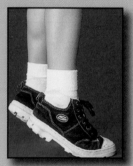

ק

קָ = כָּ

Practice these ק words and sounds.

1. קִי קַ קֳ קוּ קֹ קֶ קָי קֵ קַל קֹר
2. קָם קֵן קָט קוֹל קוֹמָה קָהָל קָבַע
3. קֶבֶר קֹדֶם קָטָן מְקַיֵּם קֹדֶשׁ קְלָלָה
4. קְהִלָּה קָדוֹשׁ קִדּוּשׁ קַדֵּשׁ מִקְדָּשׁ
5. קִיקָיוֹן קֻפְסִית קְבִירָה קֵדְמָה קוֹלְנוֹעַ
6. קוֹבַע קְטַנְטַן קֻטַּף קִמְשׁוֹן קָלִיף
7. קַדִּישׁ קָדוֹשׁ קְדֻשָּׁה קִדּוּשׁ הַקְּדוֹשִׁים
8. בֵּית-הַמִּקְדָּשׁ לְשׁוֹן-הַקֹּדֶשׁ אֲרוֹן-הַקֹּדֶשׁ

קָדוֹשׁ

קִדּוּשׁ

HERE ARE SOME OTHER WORDS THAT START WITH ק.

voice .... קוֹל

congregation .... קְהִלָּה

fixed .... קֶבַע

Kabbalah .... קַבָּלָה

kibbutz .... קִבּוּץ

Can you see the *shoresh* קדש in these words?

Holy = קָדוֹשׁ

makes Holy = מְקַדֵּשׁ

made us Holy = קִדְּשָׁנוּ

The *shoresh* ק ד ש means "sanctify/make holy/set apart." This root appears in the formula we use when we say a בְּרָכָה for doing a מִצְוָה. This helps us realize that the performance of that *mitzvah* is a way of elevating ourselves to a higher level of holiness.

קָדוֹשׁ Holy, sacred

קַדִּישׁ Kaddish (memorial prayer)

קִדּוּשׁ Kiddush (sanctification). Prayer said over wine sanctifying holidays

קְדוּשָּׁה Holiness/ sanctity

קֹדֶשׁ Holiness/ sanctity

אֲרוֹן הַקֹּדֶשׁ Holy Ark where the Torah scrolls are kept

Siddur Phrases

Practice these three phrases from the סִדּוּר that have words built form the root קדש.

1. קָדוֹשׁ קָדוֹשׁ קָדוֹשׁ
2. נְקַדֵּשׁ אֶת שִׁמְךָ בָּעוֹלָם
3. בָּרוּךְ אַתָּה יי הָאֵל הַקָּדוֹשׁ
4. בָּרוּךְ אַתָּה יי מְקַדֵּשׁ הַשַּׁבָּת

צ

צָ says TZA

Practice these צ words and sounds.

1. צַ צֶ צוֹ צֱ צֹ צְ צֵ צִי צֵי

2. צִיר צוּר צוֹם צֹאן צֶדֶק חֵצִי

3. צֵל צָב צַד צַדִּיק צָדַק עָצַר מַצָּה

4. צְדָקָה צַבָּר צְלִי צִלְצֵל צֶמַח צָמִים

5. צָלוּל צֶלֶם צִיצִית הַר צִיּוֹן צִנְצֶנֶת

6. עֶצֶם עָצוּב צְבָאִים מִצְוָה מִצְוֹת

7. וְצִוָּנוּ בְּמִצְוֹתָיו צִחְקוּק צִפְצוּף צָרְפָתִית

8. עֵצִים צִחְקֵק הַמּוֹצִיא יוֹם הָעַצְמָאוּת

צְדָקָה

צִיצִית

HERE ARE SOME OTHER WORDS THAT START WITH צ.

- Sinai .... צִיּוֹן
- righteousness .... צֶדֶק
- image...................... צֶלֶם
- righteous person ... צַדִּיק

צ = ץ

Practice these words and phrases that end in ץ.

1. עֵץ בֹּץ גֵּץ קֵץ מִיץ צִיץ חָלוּץ אֶרֶץ הָאָרֶץ
2. אֶרֶץ אֶרֶץ יִשְׂרָאֵל אֶרֶץ זָבַת חָלָב וּדְבָשׁ
3. בָּרוּךְ אַתָּה יי אֱלֹהֵינוּ מֶלֶךְ הָעוֹלָם בּוֹרֵא פְּרִי הָעֵץ
4. וַהֲבִיאֵנוּ לְשָׁלוֹם מֵאַרְבַּע כַּנְפוֹת הָאָרֶץ
5. הָאֵל הַמֶּלֶךְ הַגָּדוֹל וְהַקָּדוֹשׁ בַּשָּׁמַיִם וּבָאָרֶץ
6. עֵץ חַיִּים הִיא לַמַּחֲזִיקִים בָּהּ וְתוֹמְכֶיהָ מְאֻשָּׁר
7. זָכְרֵנוּ לְחַיִּים מֶלֶךְ חָפֵץ בַּחַיִּים וְכָתְבֵנוּ בְּסֵפֶר הַחַיִּים

Here are lots of סִדּוּר phrases for you to practice.
See how many of these prayers you know!

Siddur Phrases

1. מַה טֹּבוּ אֹהָלֶיךָ יַעֲקֹב מִשְׁכְּנֹתֶיךָ יִשְׂרָאֵל

2. שְׁמַע יִשְׂרָאֵל יי אֱלֹהֵינוּ יי אֶחָד

3. בָּרְכוּ אֶת יי הַמְבֹרָךְ בָּרוּךְ יי הַמְבֹרָךְ לְעוֹלָם וָעֶד

4. בָּרוּךְ שֵׁם כְּבוֹד מַלְכוּתוֹ לְעוֹלָם וָעֶד

5. מִי כָמֹכָה בָּאֵלִים יי מִי כָּמֹכָה נֶאְדָּר בַּקֹּדֶשׁ

6. וְשָׁמְרוּ בְנֵי־יִשְׂרָאֵל אֶת־הַשַּׁבָּת לַעֲשׂוֹת אֶת־הַשַּׁבָּת לְדֹרֹתָם בְּרִית עוֹלָם

7. שָׁלוֹם רָב עַל יִשְׂרָאֵל עַמְּךָ תָּשִׂים לְעוֹלָם

8. שִׂים שָׁלוֹם טוֹבָה וּבְרָכָה חֵן וָחֶסֶד וְרַחֲמִים

9. עֹשֶׂה שָׁלוֹם בִּמְרוֹמָיו הוּא יַעֲשֶׂה שָׁלוֹם עָלֵינוּ וְעַל כָּל יִשְׂרָאֵל

10. מוֹדֶה אֲנִי לְפָנֶיךָ מֶלֶךְ חַי וְקַיָּם שֶׁהֶחֱזַרְתָּ בִּי נִשְׁמָתִי בְּחֶמְלָה

Can you see the *shoresh* צוה in these words?
Sometimes the ה drops out.

he commanded = צִוָּה

commandment = מִצְוָה

and He commanded us = וְצִוָּנוּ

with God's = בְּמִצְוֹתָיו
commandments

The *shoresh* צוה means "command" or "give instruction." One of the most well-known words derived from this *shoresh* is מִצְוָה, which means "commandment." It has become more popularly understood as "good deed." If you think about it, all those ethical actions that have come to be labeled מִצְוֹת—good deeds—are also commandments from God. מִצְוֹת encompass every aspect of our lives: how we wake up in the morning, what we eat, how we conduct business and social activities, how we engage in ritual observances, what we wear... everything!

In the Bible, we hear Rebekkah tell Jacob to bring meat to his father Isaac, in place of Esau so that Isaac will bless Jacob before he dies:

וְעַתָּה בְנִי שְׁמַע בְּקֹלִי לַאֲשֶׁר אֲנִי מְצַוָּה אֹתָךְ׃

"Now, my son, listen to my voice, to what I instruct you."

In many of our בְּרָכוֹת for ritual activities, we include this שֹׁרֶשׁ twice in the formula we use:

בָּרוּךְ אַתָּה יי אֱלֹהֵינוּ מֶלֶךְ הָעוֹלָם אֲשֶׁר קִדְּשָׁנוּ בְּמִצְוֹתָיו וְצִוָּנוּ...

Blessed are You, Eternal our God, Ruler of the Universe, who makes us holy with commandments, and commands us to...

Writing Practice

Practice printing or writing a ק.

			PRINT
ק	ק	ק	

			SCRIPT
ק	ק	ק	

Practice printing or writing a צ and a ץ.

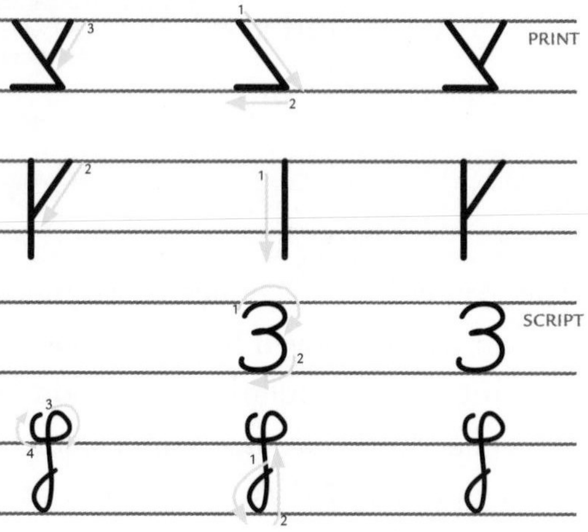

			PRINT
צ	צ	צ	

ץ	ץ	ץ	

			SCRIPT
	3	3	

ף	ף	ף	

Now print or write these words.

קָדוֹשׁ

צְדָקָה

חָזָק

צִיצִית

אֶרֶץ

Final Practice

Practice שְׁמַע וְאָהַבְתָּ.

1. שְׁמַע יִשְׂרָאֵל יי אֱלֹהֵינוּ יי אֶחָד.

2. בָּרוּךְ שֵׁם כְּבוֹד מַלְכוּתוֹ לְעוֹלָם וָעֶד.

3. וְאָהַבְתָּ אֵת יי אֱלֹהֶיךָ בְּכָל-לְבָבְךָ וּבְכָל-נַפְשְׁךָ וּבְכָל-מְאֹדֶךָ.

4. וְהָיוּ הַדְּבָרִים הָאֵלֶּה אֲשֶׁר אָנֹכִי מְצַוְּךָ הַיּוֹם עַל לְבָבֶךָ.

5. וְשִׁנַּנְתָּם לְבָנֶיךָ וְדִבַּרְתָּ בָּם בְּשִׁבְתְּךָ בְּבֵיתֶךָ וּבְלֶכְתְּךָ בַדֶּרֶךְ

6. וּבְשָׁכְבְּךָ וּבְקוּמֶךָ.

7. וּקְשַׁרְתָּם לְאוֹת עַל-יָדֶךָ וְהָיוּ לְטֹטָפוֹת בֵּין עֵינֶיךָ.

8. וּכְתַבְתָּם עַל-מְזֻזוֹת בֵּיתֶךָ וּבִשְׁעָרֶיךָ.

9. לְמַעַן תִּזְכְּרוּ וַעֲשִׂיתֶם אֶת-כָּל מִצְוֹתָי

10. וִהְיִיתֶם קְדוֹשִׁים לֵאלֹהֵיכֶם

11. אֲנִי יי אֱלֹהֵיכֶם אֲשֶׁר הוֹצֵאתִי אֶתְכֶם מֵאֶרֶץ מִצְרַיִם

12. לִהְיוֹת לָכֶם לֵאלֹהִים

13. אֲנִי יי אֱלֹהֵיכֶם. אֱמֶת.

Here's הַתִּקְוָה, the National Anthem of Israel. You can now sound it out, and perhaps you can even sing it!

1. כָּל עוֹד בַּלֵּבָב פְּנִימָה
2. נֶפֶשׁ יְהוּדִי הוֹמִיָּה.
3. וּלְפַאֲתֵי מִזְרַח קָדִימָה
4. עַיִן לְצִיּוֹן צוֹפִיָּה.
5. עוֹד לֹא אָבְדָה תִּקְוָתֵנוּ.
6. הַתִּקְוָה (בַּת) שְׁנוֹת אַלְפַּיִם.
7. לִהְיוֹת עַם חָפְשִׁי בְּאַרְצֵנוּ
8. אֶרֶץ צִיּוֹן וִירוּשָׁלָיִם.